# HELOÍSA CAPELAS

# Perdão,
## a revolução que falta

O ATO DE INTELIGÊNCIA
QUE VAI CURAR A SUA VIDA

**Diretora**
Rosely Boschini

**Gerente Editorial**
Marília Chaves

**Assistente Editorial**
Juliana Cury Rodrigues

**Controle de Produção**
Karina Groschitz

**Preparação**
Entrelinhas Editorial

**Projeto gráfico e Diagramação**
Balão Editorial

**Revisão**
Luciana Baraldi

**Capa e imagem de capa**
Sergio Rossi

**Impressão**
Assahi

Copyright © 2017 by Heloísa Capelas
Todos os direitos desta edição
são reservados à Editora Gente.
R. Dep. Lacerda Franco, 300 – Pinheiros
São Paulo, SP – CEP 05418-000
Telefone: (11) 3670-2500
Site: www.editoragente.com.br
E-mail: gente@editoragente.com.br

Dados Internacionais de Catalogação na Publicação (CIP)
(Câmara Brasileira do Livro, SP, Brasil)

---

Capelas, Heloísa
   Perdão, a revolução que falta: o ato de inteligência que vai curar a sua vida / Heloísa Capelas. – São Paulo: Editora Gente, 2017.

   160 p.
   ISBN 978-85-452-0164-9

   1. Técnicas de autoajuda 2. Perdão 3. Autoconhecimento 4. Felicidade I. Título.

17-0452                                                                                       CDD-158.1

---

Índice para catálogo sistemático:
1. Técnicas de autoajuda: Perdão 158.1

# Agradecimentos

Costumo dizer que, nesta vida, ninguém faz nada sozinho. Nem mesmo os grandes inventores, cientistas, músicos ou artistas da história da humanidade ganharam esse status por conta própria. Eles também precisaram de grande colaboração de seu entorno para que pudessem empreender e concretizar seus objetivos. Pedir ajuda para a realização dos nossos projetos de vida e poder contar com isso é, afinal, uma dádiva. Um presente que também recebi durante a produção deste livro.

Minha gratidão à equipe extraordinária do Centro Hoffman, composta de pessoas incríveis, fortes, corajosas, determinadas e comprometidas com o trabalho.

À Geisa D'avo agradeço a dedicação incansável e leitura minuciosa do primeiro manuscrito. Sua habilidade com as palavras tornaram o meu texto mais bonito e ao mesmo tempo mais simples e acessível. A você, Geisa, meu muito obrigada.

Agradeço à minha filha Estela, que me autorizou a contar parte de sua história. Sem esses relatos eu não conseguiria explicar como e por que o perdão revolucionou a minha vida. E à minha filha Beatriz, que foi quem me motivou a sair do círculo vicioso da vingança em busca de mudança.

À minha grande amiga e parceira, Maria Cláudia Sousa, que mais uma vez foi fundamental para a conclusão deste projeto (e de tantos outros).

Agradeço a todas as pessoas que, como eu, dedicam suas vidas a promover o autoconhecimento por meio do Processo Hoffman. Desde seu criador, Bob Hoffman, à minha mestra, Marisa Thame, e, claro, toda a equipe de professores do Centro Hoffman, que me deram a oportunidade e a tranquilidade para transformar o perdão em livro.

Aos meus pais, pelos recursos que me ofereceram e pela forma como se dedicaram ao projeto família. Aos meus irmãos, por tantas lembranças compartilhadas desde nossas infâncias. Aos meus filhos Rodolpho e Eduarda, por serem a concretude da família que sempre desejei.

A todos os meus ancestrais, por terem dado o seu melhor e, assim, permitirem a mim que encontrasse caminhos para uma vida espetacular, maravilhosa e cheia de possibilidades.

Aos leitores de *O mapa da felicidade*, também publicado pela Editora Gente (equipe à qual sou imensamente grata!). Graças às suas mensagens e feedbacks tão positivos, tive motivação para escrever este, que é meu segundo livro, com o único objetivo de beneficiar mais e mais pessoas.

Aos alunos do Processo Hoffman, por me darem a contínua oportunidade de repensar, rever e transformar a minha própria vida a partir de suas histórias e vivências.

Ao criador, por ter nos concedido a chance de vivermos com todo o nosso bem e todo o nosso mal – e o que pode ser melhor do que simplesmente estarmos vivos?

E, em especial, a você, leitor, por decidir ir além. Ao escolher percorrer o caminho do perdão, você escolhe, também, transformar-se na sua melhor versão. E eu sou muitíssimo grata por todas as experiências que você está prestes a viver!

# Sumário

PREFÁCIO 7

INTRODUÇÃO
    Vingativa... Eu? 9
    Os vilões e os mocinhos 13

1 - VAI TER QUE ME ENGOLIR? 21
    O que eu fiz para merecer isso? 23
    Portas fechadas para o amor 26
    Quem eles pensam que são? 29
    O que acontece de verdade
        (mas ninguém gosta de assumir) 33
    De quem é a culpa? 36

2 - A MÃE QUE MEUS FILHOS NÃO MERECIAM 41
    O jogo dos sete erros 43
    Nós não criamos, apenas... copiamos? 46
    O oposto também é igual 50
    A falta que eu me faço 54
    O peso da mágoa, do preconceito
        e do julgamento 57

3 - AFINAL, POR QUE É TÃO IMPORTANTE ESTAR CERTO? 63
    O modo autoritário de agir 65
    Esse é o meu castigo (e também deve ser o seu) 69
    E quanto aos imperdoáveis? 73

4 - Ciclo da vingança — 77
O círculo vicioso da dor, da raiva e da vingança — 79
Como você, só existe você — 83
Perdoar é uma questão de inteligência — 87

5 - Como reverter o ciclo? — 93
O círculo virtuoso do perdão — 95
É isso o que sempre me acontece — 98
O que eles lhe fizeram? — 100

6 - Este é o seu pior — 105
A vingança só acaba quando o perdão começa — 107
De novo essa história? — 113

7 - O seu melhor — 119
Todos são culpados, mas ninguém tem culpa — 121
Você consegue se lembrar? — 126
Quem você quer ser — 129

8 - Autonomia emocional — 137
Você merece perdoar — 139

9 - O mais difícil dos perdões — 147
Como a minha história me trouxe até aqui — 149

# Prefácio

Antes de me tornar coach, muito antes de criar o Método CIS® ou de me tornar o autor dos best-sellers *O Poder da Ação* e *Fator de Enriquecimento*, eu vivi uma experiência que transformou a minha vida. Em novembro de 1997, participei do Processo Hoffman, um curso de autoconhecimento mundialmente reconhecido, em que alcancei um novo nível de compreensão sobre a mente humana (inclusive a minha).

Até ali a vida parecia não sair do lugar. Eu tentava e tentava, mas quando estava prestes a ter uma conquista, algo acontecia e tudo caía por terra. Eu estava bastante frustrado, distante da família, me divorciando, hipertenso e com um negócio que ia de mal a pior. Mas alguma coisa dentro de mim me dava forças para seguir em frente, em busca de um novo caminho, mais pleno e mais feliz.

Aos 29 anos, mergulhei numa busca por autoconhecimento, conexão humana e alta performance na qual o Processo Hoffman foi fundamental. Nele eu tive a oportunidade de compreender que assumir a responsabilidade pelos meus passos e escolhas cabia somente a mim. Parei de acusar e apontar os outros como culpados por tudo de ruim que eu vivia e entendi que poderia transformar a minha própria trajetória. Também foi onde compreendi o valor do verdadeiro perdão.

Hoje, quando olho para trás, reconheço o quanto foi (e continua sendo) decisivo perdoar a mim e aos outros. Eu estava preso às minhas mágoas e, se permanecesse ao lado ou fiel a elas, jamais teria alcançado tudo o que realizei. Como nas demais histórias e relatos deste livro, eu também ressentia as minhas dores e permitia que sentimentos tóxicos me dominassem. Eu era vítima de mim mesmo e isso, por si só, afastava todas as possibilidades de sucesso.

Quando superei as mágoas que me conduziam à vitimização, assumi o papel de protagonista da minha história e da minha existência. Perdoar verdadeira e profundamente me permitiu alcançar uma comunicação de amor que transformou a minha vida e a de todos ao meu redor. Graças a essa capacidade, pude me tornar exatamente quem e como queria ser.

Nesta obra, você, leitor, poderá fazer o mesmo. Peço que se permita percorrer o caminho traçado por Heloísa Capelas — uma das maiores especialistas em desenvolvimento humano do Brasil e uma das mais profundas conhecedoras do Processo Hoffman em todo o mundo.

De uma forma simples e didática, você poderá reconhecer seus não-perdões, compreender como e por que eles têm lhe levado a estradas cheias de sofrimento e, por fim, se libertar das mágoas e dores para seguir em frente e na direção que desejar.

O perdão fez muito por mim e também pode fazer por você. Perdoar é uma escolha possível, positiva e libertadora, basta que você esteja disposto a praticá-la!

Boa leitura!

**Paulo Vieira**
Master Coach e PhD pela Florida Christian University, Presidente da Febracis, criador do Método CIS® e autor do livro best-seller *O Poder da ação*.

# Introdução
## Vingativa... Eu?!

Existe algo que você não consegue perdoar de jeito nenhum? Para você, o que é **definitivamente** imperdoável? Vira e mexe me pego pensando nisso...

Ouvi inúmeras histórias, no elevador ou no cabeleireiro, de como fulano ou cicrano não perdoariam a ação dos outros. Mas sempre me pergunto, será que há algo que é inerentemente imperdoável?

Lembre-se de que, em muitas circunstâncias, aquilo que tem um peso muito grande para você, pode ser pequeno para o outro e, às vezes, até insignificante. Então, não se prenda pelas respostas alheias; pense em você, em sua vida, nas questões que têm importância e valor única e exclusivamente sob seu ponto de vista.

Então, o que dentro de você tem esse peso, a ponto de ser completamente imperdoável? Traição, morte, dor, injustiça, incompetência, falta de ética, perda de dinheiro, mentira, crueldade? Todo mundo tem uma lista negra. Afinal, de sofrimento todos nós entendemos.

Bem, durante boa parte da minha vida, também tive essas respostas na ponta da língua. Verdade seja dita, naquela época eu rebateria a essas questões com precisão cirúrgica e sem pensar duas vezes. Eu discorria uma extensa lista com todas as minhas mágoas e todos os meus não perdões (que não eram poucos!). Ah, e se meu interlocutor tivesse um pouquinho mais de tempo e estivesse disposto a ouvir meu desabafo, eu saberia apontar os responsáveis por cada um dos meus sofrimentos e a punição que, a meu ver, mereciam por tanta dor que me causaram.

É... Eu sei. Falando assim parece que eu não era uma pessoa muito legal, não é?

Mas, calma, antes que você me considere ruim ou rancorosa, quero deixar claro que não desejava mal a essas pessoas, ok? Pelo menos, eu achava que não. Eu apenas queria que elas pagassem pelo que tinham me causado. E eu também não tinha a menor intenção de ser a protagonista desses castigos, porque acreditava piamente que a vida se encarregaria de fazê-lo por conta própria. Por meio de Deus, quem sabe. Ou do universo. Ou do carma. Seja quem ou como fosse, certamente, a "lei do retorno" se daria em algum momento e, enfim, eu teria a certeza de que "aqui se faz, aqui se paga".

Lembro-me bem de como era alimentar essa imensa expectativa de que o outro fosse punido. Também me recordo de quanto era difícil viver e conviver com tantos ressentimentos, principalmente porque... eu sabia muito bem das minhas mágoas, mas ignorava por completo o efeito e o impacto que causavam na minha vida.

Eu não percebia, por exemplo, que cada vez que me lembrava de determinado episódio triste ou irritante do passado, voltava a me sentir igualmente triste e irritada, como se aquilo tivesse acabado de acontecer. O sentimento ativado pela minha memória era tão poderoso que, de repente, eu não tinha ânimo para mais nada além de remoer aquela lembrança – como se quisesse solucioná-la ou modificá-la depois de anos! Às vezes, até me imaginava dando essa resposta ou aquela! Modificando (não tão) levemente os fatos como ocorreram.

Você deve saber do que estou falando. Quando se recorda de algum acontecimento ruim, também não te dá um nó na garganta, um aperto no peito, uma vontade de que aquela pessoa ou situação receba, enfim, uma resposta à altura? Era só isso o que eu sentia e queria. E, sem perceber, passava dias comprometida com esse desejo; na verdade, chegava a passar meses e anos.

Só muito depois, quando comecei minha trajetória rumo ao *autoconhecimento*, descobri que esse comportamento tinha um nome muito familiar (e particularmente assustador): *vingança*. Não sei vocês, mas, no meu jeito de funcionar, a vingança era algo com o qual eu nunca queria me identificar. Afinal, se eu havia sido magoada, traída, ferida e esperava pela lei do retorno, já que eu jamais faria algo contra alguém por conta própria, como poderia ser considerada vingativa?

Confesso que não foi fácil assumir esse lado. Logo eu, uma pessoa tão bacana, tão alegre, tão disposta a fazer o bem? Como? Não, não podia ser verdade. Mas, sim, para minha própria surpresa, eu era extremamente vingativa!

A questão é que, embora tivesse um ranking particular de mágoas, como contei no início, no fundo, eu não via problema nenhum em carregá-las comigo. Em alguns casos, sentia até certo orgulho da minha memória, que garantia que eu nunca mais passaria por aquela situação. *Enquanto for capaz de me lembrar, isso não vai se repetir*, acreditava.

Para mim, tratava-se de uma questão de inteligência: eu era esperta o suficiente para me precaver de acontecimentos e de pessoas que já tinham passado pelo meu tribunal particular e que, ao final, haviam sido declaradas culpadas por mim – por isso, evidentemente, estavam condenadas a pagar pelo mal que tinham feito, mesmo que não fosse pelas minhas próprias mãos.

Nada mais justo, não é mesmo? Pois é. Acontece que meus réus não eram os únicos condenados nessa história. Tudo bem, era mesmo verdade que aquilo tudo tinha me machucado no passado, mas, se continuava a me magoar no presente, inclusive depois do meu veredito, então, a "culpa" e a "sentença" também eram minhas! Era eu que trazia aquelas lembranças de volta, eu que as remoía e, por fim, eu que sofria mais uma vez com elas. E quanto a eles, os vilões da minha vida, bem, a verdade é que eu nem sequer poderia saber se estavam sofrendo alguma consequência; mas eu? De um jeito ou de outro, estava!

Quanto mais claro esse raciocínio se tornava, mais e mais lembranças negativas eu encontrava escondidas dentro de mim. Algumas eram tão pequenas e aparentemente tão bobas que nem eu mesma acreditava que continuavam lá, guardadinhas, prontas para doer a qualquer momento.

Até que enfim me dei conta: nada disso fazia o menor sentido!

Quer dizer: quem, em sã consciência, guarda, preserva e resgata lembranças tão doloridas e, ainda por cima, se permite sentir toda a dor de novo? Eu! Eu fazia isso! Que horror, eu cultivava minhas mágoas como alguém cultiva um jardim. Mas o que não ficava claro pra mim era: por que eu faria isso comigo mesma?

Naquele momento, alguma consciência eu tinha. O que me faltava era "só" a sanidade. Afinal, mesmo ciente de tudo isso, não conseguia evitar o círculo vicioso em que havia me metido: relembrar a mágoa, ressentir a dor e voltar ao desejo de vingança.

Foi em meio a esse ciclo que me ficou claro: perdoar era mesmo a minha única saída. A única maneira de "fazer parar de doer", e eu não descansaria até que pudesse encontrá-la.

## Os vilões e os mocinhos

Em minha própria história, sobram exemplos de como a mágoa e o ressentimento podem ser devastadores. Mesmo assim, quando decidi escrever este livro, sabia que precisava de mais, desejava buscar e encontrar um caminho para o perdão que fosse ainda mais consistente, claro e simples do que aquele que eu havia percorrido por conta própria.

Por isso, procurei amigos próximos e fiz, a eles, a mesma pergunta que lhe fiz no início: o que é definitivamente imperdoável?

Minha intenção era ouvi-los de coração aberto, compreendê-los a partir de outro ponto de vista e, quem sabe, achar um denominador comum em suas trajetórias. Pois bem, você nem imagina quanto minha experiência foi bem-sucedida! Em alguns momentos, era como se estivesse lendo um livro ou assistindo a um filme, tantos eram os detalhes daquelas histórias. Meus narradores tinham a incrível habilidade de relatar, como "se fosse ontem", quando, onde, como e por que o incidente havia acontecido, e de que forma aquilo havia repercutido em suas vidas.

E, é claro, enquanto ouvia, eu compartilhava daqueles mesmos sentimentos. A cada cena ou capítulo, eu me sentia profundamente comovida, triste, chateada ou indignada com os fatos que me eram apresentados. Como aqueles pais, mães, maridos, esposas, namorados, namoradas, filhos, chefes, colegas de trabalho, amigos tiveram coragem de agir com tanta frieza e crueldade? Será que eles tinham alguma ideia do estrago que haviam causado?

Fossem quem fossem, os algozes de cada história eram temíveis, maldosos, capazes de fazer inveja a qualquer vilão de novela (ou dos desenhos animados a que minha filha mais nova tanto assistia não muito tempo atrás). Contudo, ao contrário do que costuma acontecer na teledramaturgia ou nos filmes, a maior parte das histórias reais que me foram contadas não terminava com um final feliz para os "mocinhos".

Alguns, para minha surpresa, até acreditavam que sim. Encerravam a narração com frases de efeito, como: "Eu não penso mais nisso, foi há muito tempo"; "No fundo, acho que minha vida ficou melhor assim"; "Eu nem me lembro mais de como foi"; "Eu sei que sou melhor que isso, então, nem me importo mais".

Outras pessoas assumiam claramente as suas dores e mágoas, abraçavam seus ressentimentos e terminavam reiterando sua incapacidade de oferecer perdão aos seus algozes. "Não tenho como perdoar o que ele me fez"; "Ele foi muito cruel comigo, então, tem que pagar por isso"; "Passe o tempo que passar, eu nunca vou me esquecer do que aconteceu".

Sei que parece óbvio, mas saiba que pessoas incapazes de perdoar um evento conseguem descrevê-lo detalhadamente, não importa quanto tempo tenha se passado. Ou seja, se eu ou você, como meus amigos narradores, temos a habilidade de relatar cada nuance de um acontecimento negativo do passado, é muito provável que ainda não tenhamos conseguido perdoá-lo, mesmo que digamos o contrário.

Estudos também já demonstraram que, cada vez que nos recordamos dos acontecimentos que elegemos como imperdoáveis, nosso organismo reage quimicamente a essa lembrança como na primeira vez, aumentando a pressão arterial e os níveis de estresse. Pesquisadores sugerem ainda que, em longo prazo, esse processo pode estar associado ao surgimento de doenças cardiovasculares, além de diabetes e câncer.[1,2]

É isso mesmo que você entendeu: não perdoar – ou ficar preso ao ressentimento – faz mal à saúde! Esse argumento,

---

1. FILLON, Mike. Holding a Grudge Can Be Bad for Your Health. *WEBMD*. Disponível em: <www.webmd.com/depression/news/20000225/holding-a-grudge-can-be-bad-for-your-health#1>. Acesso em: 8 mar. 2017.
2. SIFFERLIN, Alexandra. Forgiving Other People Is Good for Your Health. *Time Health*. Disponível em: <www.time.com/4370463/forgiveness-stress-health/> Acesso em: 8 mar. 2017.

por si só, deveria bastar para que todos nós aderíssemos de uma vez ao lema "desapega, desapega", como bem propõe a campanha publicitária de um famoso site de vendas. Se ainda assim, porém, isso não lhe parece forte o suficiente para dar início à trajetória do perdão, proponho uma reflexão. Então vamos lá! Pegue um papel e uma caneta. Sim... Finja que está mesmo escrevendo um caderno de reflexões, mais ou menos como faziam os grandes pensadores da humanidade.

Comece sua reflexão com a seguinte pergunta: quando você pensa em perdoar aquilo que considera "imperdoável", o que vem à sua cabeça e ao seu coração? Não vale mentir!

Você acredita que, se oferecer seu perdão, estará abrindo as portas para que alguém ou algo o machuque de novo? Você acredita que perdoar e deixar para lá significa de alguma forma que quem te magoou "venceu"? Perdoar e deixar pra lá são a mesma coisa pra você?

Você acha que é preciso ser uma espécie de super-humano para conseguir perdoar de verdade – e você, definitivamente, não tem essa capacidade?

Que só o tempo se encarregará de curar suas mágoas – e, portanto, não está em suas mãos oferecer perdão?

Que o seu algoz, aquele que causou suas dores, merece pagar de qualquer jeito e a qualquer preço pela injustiça que cometeu e, por isso, não deve ser perdoado de forma alguma?

Bem, se você se reconheceu em alguma ou em todas essas afirmações ou mesmo se apenas se viu, ainda que só por um momento, na minha história, preciso te contar: você não imagina o quanto estou feliz por ter decidido percorrer, ao meu lado, o caminho do perdão!

Hoje, depois de ter seguido a minha própria trajetória, continuo a me lembrar dos diversos acontecimentos que tanto me magoaram. No entanto, em vez de sofrer, me entristecer ou ressentir esses momentos, agora eu apenas encontro gratidão e amor quando me recordo deles, porque fui capaz de criar compaixão pelas pessoas envolvidas e por mim mesma para compreender e perdoar.

E então eu te garanto: isso não me torna melhor, mais espiritualizada, mais inteligente, mais amorosa ou mais capaz que ninguém. Digo isso porque muita gente acredita que perdão tem a ver com bondade ou superioridade e, não, não bem é assim que funciona.

Ao escrever este livro, a minha proposta é maior do que ensinar como colocar uma pedra no passado – ou, pelo menos, a minha intenção é que seja. O que quero mostrar, de verdade, é como o apego a essas memórias negativas atrapalha você e sua vida, assim como me atrapalhava. E, olha, não estou falando apenas de momentos profundos e drásticos. Estou falando de coisas pequenas, que todos conhecemos.

Até mesmo os pequenos acontecimentos diários – como uma fechada no trânsito, um comentário "atravessado" do seu chefe ou o atraso do seu namorado para aquele compromisso marcado há dias –, quando ressentidos, fazem um mal danado.

E sabe o que é pior? Com muita, muita frequência, esses episódios, tanto os mais impactantes como os mais bobos, repercutem em nossa vida sem que a gente perceba. Por exemplo: você já passou o dia todo num mau humor insuportável só porque acordou atrasado, ou derrubou café na roupa, ou não achou vaga para estacionar o carro?

Bem, eu já! E olha que absurdo: sempre que alguma coisa pequena desse tipo me acontecia logo pela manhã, a minha irritação era tanta que durava o resto do dia. Mas eu não me dava conta disso, então não podia evitar de me sentir daquela forma. Ou seja, inconscientemente, eu continuava mal-humorada e ignorava que havia outra opção: simplesmente "deixar para lá".

Quantos momentos potencialmente felizes eu desperdicei sem reparar! Tudo porque estava "infectada" com a raiva que senti diante de uma amenidade que, por vezes, durou menos de cinco minutos! E se acontecimentos tão pequenos eram capazes de causar tanto estrago, imagine só o que acontecia comigo quando reagia automática e inconscientemente aos episódios de grande impacto? Pois é, os danos ficavam ainda maiores.

Estou lhe contando isso porque é importante que perceba, desde já, quanto a consciência de si mesmo é essencial para dar início ao perdão.

Assim como eu fiz, primeiro, você vai precisar identificar as suas mágoas, as suas tristezas, os seus rancores, aquilo que o tira ou tirou do sério, por maior e mais cruel que seja a sua lembrança, ou por menor e mais boba que essa recordação lhe possa parecer. Você terá de ir fundo, para encontrar inclusive o que está escondido aí dentro, inconsciente e agindo por conta própria, sem que você se dê conta.

Em alguns momentos, talvez você fique, digamos, desconfortável com o que vai descobrir a seu respeito. Dirá a si mesmo: "Ninguém nunca passou pelo que eu passei"; "Ninguém pode saber disso"; "Não sei por que fui me lembrar agora de algo que me magoa tanto"; ou, ao contrário, repetirá algo como "A minha mágoa é tão pequena e irrelevante em comparação ao que tanta gente passa". Está tudo bem. Aceite esses pensamentos, respire fundo e siga em frente. Se assim fizer, encontrará a coragem e a disposição de que precisa para abrir os olhos, a mente e o coração, e enxergar, de verdade, o que o não perdão está fazendo com você e sua vida, seja qual for a sua mágoa ou a dimensão dela.

Com este livro, meu desejo é que você entenda, aos poucos, por que perdoar não tem a ver com ser (ou não) bondoso; com ser (ou não) superior. Perdoar é, na realidade, uma questão de inteligência, como eu já acreditava no passado. No entanto, não como uma medida de proteção contra as pessoas e acontecimentos que foram "culpados" por seu sofrimento, mas por oferecer a você uma possibilidade única de conquistar uma vida mais leve, plena, saudável, feliz e bem-sucedida – pessoal e profissionalmente!

# Vai ter que me engolir?

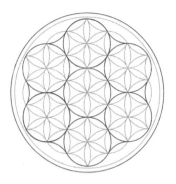

## O que eu fiz para merecer isso?

Quando tinha 18 anos, decidi me inscrever voluntariamente numa ONG que promove um belíssimo trabalho com crianças carentes da cidade de São Paulo. Naquela época, entre outras atividades, a instituição oferecia aulas de complementação escolar, teatro e coral, além de contação de histórias. E eu, que estava no ápice da juventude, encontrei ali exatamente o que precisava para extravasar toda a minha alegria e jovialidade. Fosse qual fosse a tarefa a mim designada, sempre conseguia encantar e entreter a criançada sem qualquer dificuldade. Eu adorava todos eles e eles me adoravam de volta! Era uma delícia (aliás, que saudade daquela fase!).

Não demorou para que eu começasse a me destacar e a chamar atenção dos organizadores da entidade. Quanto mais admirados eles ficavam com meu trabalho, mais eu me sentia a "rainha da cocada", o que me levava a me empenhar sempre para permanecer em destaque.

Teria sido tudo perfeito, não fosse uma pedra no meu sapato (ou no meu caminho, para você que é fã de Drummond). Logo de cara, uma das diretoras, que já atuava na ONG há bastante tempo, simplesmente cismou comigo. Vamos chamá-la de Hilda[3].

Sabe quando alguém não vai com a sua cara sem motivo aparente? Pois é! Foi isso que me aconteceu. Por melhor que eu fosse, por mais elogios que recebesse, Hilda não saía do meu pé. Ficava de olho em tudo o que eu fazia sempre à espera de algum erro meu e, então, quando eu errava (o que invariavelmente acontecia), ela não me poupava de críticas e desaforos públicos. Reclamava de mim aos diretores e aos demais voluntários sem qualquer cerimônia.

Eu queria morrer! Ou, melhor dizendo, queria matá-la (claro que no sentido figurado). Talvez a verdade é que eu queria tanto morrer quanto matá-la (figurativamente)! Ficava chateada, aborrecida, revoltada, indignada com aquela situação. Por que ela estava no meu pé? Será que não percebia o meu valor e talento? Será que não reconhecia quanto as atividades da instituição tinham sido aprimoradas com a minha ajuda?

Desperdicei muitas noites de sono nessa angústia. Buscava respostas racionais para algo que não parecia ter explicação. E, quanto mais vivia isso, mais descontava a frustração nas pessoas ao meu redor: ia de uma a uma me queixar de Hilda e de todo o aborrecimento que ela me causava.

---

3. Todos os nomes citados ao longo deste livro foram trocados para preservar a identidade das pessoas.

Sem perceber, eu também descontava em mim mesma. Voltava para casa e, em vez de contar aos meus pais e amigos quanto meu dia tinha sido maravilhoso, em vez de saborear aqueles momentos tão prazerosos, passava horas a me lamentar das barbaridades que ela tinha me feito (mais à frente, você vai entender melhor por que esse comportamento também é um tipo de vingança, na realidade, autovingança).

Hilda e eu permanecemos nesse "jogo" por algum tempo até que ela finalmente conseguiu o que queria: que eu saísse de lá. Gostaria de contar em detalhes qual foi meu erro, mas, passados tantos anos, só consigo me lembrar de que não foi tão grave, mas o suficiente para que ela me expulsasse da ONG, o que, como você pode imaginar, despertou a minha ira. *Isso não vai ficar assim!*, prometi a mim mesma no momento em que saí.

Nos dias que se seguiram, me mobilizei. Procurei todos os diretores e todos os envolvidos que, de algum jeito, poderiam me ajudar a ser readmitida. Argumentei que não tinha precedentes; que meu trabalho era exemplar; que se tratava de um projeto voluntário e que, portanto, toda ajuda deveria ser bem-vinda (especialmente a minha, uma voluntária tão dedicada!). Ah, e como se não bastasse, destilei todo o meu veneno contra Hilda. Era chegada a minha vez de dar o troco na mesma moeda!

A tática funcionou e voltei a trabalhar na ONG, lado a lado com a minha algoz... Por mais de 20 anos. Foram duas décadas de pura inimizade e troca de farpas, duas décadas de mágoas, de aborrecimentos, irritações e maledicências, de ambos os lados. Mas, pelo menos, ao conseguir minha readmissão e ao permanecer naquela entidade por tanto tempo, tinha dado o troco. A verdade é que eu acreditava que Hilda estava pagando pelo mal que tinha me feito simplesmente por ter de permanecer do meu lado. Bem ao estilo "vai ter que me engolir".

A "lei do retorno" enfim se fez valer, mas, em vez de satisfação, eu continuava cheia de rancor. Era uma vitória com gosto de derrota. A verdade é que eu não era capaz de perdoá-la por tantas vezes ter me destratado, difamado e ignorado (mesmo que eu tivesse feito o mesmo com ela), e me perguntava diariamente: o que eu fiz para merecer isso?

## Portas fechadas para o amor

Quando Simone me procurou pela primeira vez, considerava-se muito bem-sucedida em vários aspectos da vida. Aos 37 anos, tinha um emprego estável, casa e carros quitados, várias viagens deliciosas para compartilhar, entre outros aspectos que ela mesma fazia questão de enaltecer (com razão) a seu próprio respeito. Simone era uma mulher bonita, interessante, boa de papo, mas nunca conseguia estabelecer um relacionamento sério – o que relatava ser seu único e grande problema.

Para tentar reverter a situação, decidiu se cadastrar num site de namoros on-line e conheceu um rapaz, com quem se relacionou por cerca de dois anos até levar um dolorido e inesperado pé na bunda. Assim que isso aconteceu, ela me escreveu:

"Nós não estávamos apaixonados, mas ele era bacana e nos dávamos bem. Achei que a relação teria futuro. Mas, então, ele viajou a trabalho por um único fim de semana, conheceu outra mulher e, do nada, decidiu romper comigo."

Ela estava novamente aflita. A recente perda, somada ao pavor diante da ideia de nunca se casar e/ou ter filhos, a fez desmoronar emocionalmente. Embora reconhecesse que aquele rapaz não tinha potencial para ser "o grande amor de sua vida" (e, afinal, quem o é?), sentia-se preterida, como em todos os seus relacionamentos anteriores, que tiveram curta duração e acabaram sem mais nem menos.

A dor que sentia era legítima, assim como a raiva que surgiu logo depois.

Simone estava, mais uma vez, desamparada, frustrada, com medo, sem saber para onde ir e acreditando ser a pior pessoa do mundo. No entanto, mesmo que estivesse sem forças para levantar e seguir em frente, encontrava disposição para nutrir um único desejo: que a nova namorada do rapaz fizesse, com ele, exatamente o que ele tinha lhe feito.

Se há algo que desperta em nós ira, rancor, mágoa, ódio, em suma, todos os sentimentos negativos possíveis e imagináveis, é a *traição*. Quando alguém não corresponde às nossas expectativas; quando não reconhece nosso esforço e dedicação; quando não supre as nossas vontades ou necessidades; quando não retribui o nosso amor, carinho, amizade e/ou lealdade; quando falha justamente na hora em que mais precisávamos (impressionante como é sempre nessa hora, não é mesmo?), conhecemos o que há de pior em nós mesmos.

Simone se sentiu traída pelo rapaz, assim como eu havia me sentido traída quando fui expulsa da ONG. Veja, o sentimento de traição que ambas sentimos não necessariamente tem a ver com fidelidade. Ambas fomos traídas em nossas expectativas! O caminho que ela estava prestes a percorrer, eu conhecia de cor. Ela estava com raiva e, por isso, queria vingança (mesmo que jamais usasse essas palavras ou reconhecesse esse sentimento). Esperava pela "lei do retorno" aplicada por Deus, quem sabe. Ou pelo universo. Ou pelo carma.

Até que isso se concretizasse, Simone estava decretando, sem perceber, portas fechadas para o amor. Eram tantas as decepções nos relacionamentos a dois, que se viu de volta ao lugar-comum: por mais que se esforçasse, quisesse ou tentasse, acreditava-se fadada a ficar sozinha. Para sempre. Até porque os rapazes com quem se relacionava sempre a decepcionavam. *Então, de que adiantava começar do zero com qualquer outra pessoa?*, ela me perguntava.

Seu desejo profundo pelo sofrimento alheio, mesmo inconsciente, fazia com que ela própria sofresse e pagasse um preço altíssimo. Embora descontasse sua frustração em cada relacionamento, a dor que sentia era dela. Somente dela.

## Quem eles pensam que são?

A decepção com o outro (e também com nós mesmos) costuma vir seguida de frases imensamente autodepreciativas. Alguns, mais corajosos, até se expressam em voz alta para que o mundo conheça a sua dor. Outros, mais reservados, guardam (e remoem) para si. De toda maneira, o que sentimos/dizemos/pensamos no momento da frustração sempre revela muito a nosso respeito – ou, pelo menos, sobre o que enxergamos a nosso respeito.

Será que você já disse ou pensou algo do tipo:

*Por que isso só acontece comigo?*
*Eu mereço isso?*
*Por que todo mundo consegue, menos eu?*
*O que falta em mim?*
*Esse é meu carma?*
*Por que Deus ou o universo não gostam de mim?*
*Aliás, será que é possível gostar de mim?*

Evidentemente, não podemos nos esquecer daqueles que fazem exatamente a mesma coisa, mas ao contrário. Em vez de apontarem a crítica para si, direcionam ao outro. Certamente você conhece gente assim. Talvez até você mesmo funcione desse jeito. Você costuma pensar ou dizer isto sobre as pessoas?

*Isso só acontece com você.*
*Você merece isso.*
*Todo mundo consegue, menos você.*
*Falta alguma coisa em você.*
*Esse é seu carma.*
*Talvez, Deus ou o universo estejam tentando lhe ensinar algo.*
*Desse jeito, fica difícil gostar de você.*

Seja de você para você mesmo ou de você para o outro, é sempre um mesmo gatilho que dispara essa "metralhadora de mágoas" (como cantava nosso saudoso Cazuza). A frustração e a decepção que nascem diante de uma traição de qualquer natureza nos trazem dor e sofrimento. E a dor alimenta a raiva, que alimenta o desejo de que "alguém pague por isso". De fato, alguém pode até "dividir" essa conta com a gente; mas não se iluda! Sempre, sempre, sempre, em qualquer situação, quem arca com a maior parte dela somos nós mesmos.

**Veja a história de Carlos. Ao lado de alguns sócios, ele fundou uma empresa que decolou em pouquíssimo tempo. O sucesso foi tanto que logo eles receberam uma proposta de aquisição vinda de uma multinacional. As parcelas da compra, altíssimas, seriam pagas individualmente a cada fundador – desde que todos concordassem em continuar seus trabalhos à frente da companhia por mais quatro anos a partir da venda (que fique claro: a multinacional**

assegurava, assim, que aqueles profissionais não abririam empresas concorrentes tão cedo).

Mesmo diante dessa condição, tudo parecia para lá de favorável e, claro, os sócios rapidamente fecharam o negócio. A apenas um ano para o fim do período predeterminado, mais da metade dos fundadores já havia desistido e, inclusive, aberto mão do pagamento combinado só para se livrar do acordo. Carlos continuou, mas sem qualquer motivação.

Quando nos encontramos pela última vez, ele me explicou:

"A multinacional quebrou a nossa empresa! Eles simplesmente aniquilaram a forma como conduzíamos os negócios, acabaram com nossos diferenciais. Para piorar, eu e meus sócios, que éramos diretores presidentes, fomos alocados para meros cargos de gestão e tivemos de assistir a tudo isso sem qualquer poder de decisão. Quem eles pensam que são?"

Eu me coloquei no lugar de Carlos e entendi perfeitamente a sua frustração. Imaginei como seria vender a minha empresa a alguém que me prometesse expandi-la e, depois, acompanhar um processo que, para mim, significasse a destruição do negócio que construí com tanta dedicação e amor. Senti raiva e tristeza só de pensar nessa possibilidade.

No entanto, para Carlos, a raiva e a tristeza já tinham se tornado um rancor profundo. Ele se via não reconhecido pela multinacional que comprara sua empresa, que ignorara seu potencial, que o colocara para escanteio e que, ainda por cima, destruíra tudo o que havia construído. O profissional antes satisfeito, feliz, dedicado, comprometido, capaz de cumprir longas jornadas de trabalho com alegria tinha sido "substituído" por um ser insatisfeito, infeliz, descompromissado... Irreconhecível!

Tanta mágoa lhe deixou obcecado e ele estava comprometido com o objetivo de dar o troco.

"Eu vou completar os quatro anos previstos no contrato e, com o dinheiro, abrirei uma nova empresa para recomeçar de onde parei. Quando estiver na concorrência, vou mostrar a eles como se faz!"

Seu plano de vingança estava arquitetado para um futuro próximo, mas ele não percebia como esse ressentimento havia afetado a sua personalidade no tempo presente. Andava ansioso e deprimido, mal conversava com seus familiares e amigos e, por algum motivo pouco lógico, acreditava que tudo melhoraria quando, enfim, tivesse cumprido sua missão.

Como dizem por aí, Carlos estava "cego de raiva", e, por isso, não enxergava que já estava se vingando, mesmo sem colocar seu "grande plano" em ação.

Sempre que deixava de dar o seu melhor apenas para prejudicar a multinacional, quando ia ao escritório apenas para cumprir tabela, ou quando preferia o desânimo à motivação, ele se vingava. Contudo, certamente, não da multinacional; o grande prejudicado nessa história era ele mesmo.

## O que acontece de verdade
## (mas ninguém gosta de assumir)

Você deve ter percebido que essas três histórias – a minha, a da Simone e a do Carlos – têm algo em comum. Na verdade, nunca ouvi um relato de rancor ou de mágoa que não tivesse esse mesmo fator de origem. O que fica "engasgado" em mim, em você, no seu marido, na sua esposa, nos seus pais, no seu vizinho é a sensação de sermos ou de termos sido considerados e tratados como menores, inferiores ou piores que o resto (ou que alguém em específico).

E isso nada mais é que uma traição! Uma traição à nossa identidade. A como vemos a nós mesmos. Afinal, registramos em nosso inconsciente a informação de que fomos preteridos, rejeitados, não vistos, não amados, não reconhecidos e até abandonados, como disse quando contei a história da Simone. E, com frequência, essas sensações nos levam a duvidar da nossa própria capacidade.

Depois de ter me sentido traída pela ONG em que atuava, eu mesma me questionei por diversas vezes: "Se eles não reconhecem meu valor, será que eu tenho valor? Será que sou menor ou pior do que acho que sou e isso significa que devo 'abaixar a bola'? Aliás, será que mereço algum tipo de reconhecimento?".

É claro que eu guardava essas questões apenas para mim, mas era justamente isso (e apenas isso) o que me afligia, doía e incomodava profundamente: o fato de que todos aqueles acontecimentos que envolviam Hilda me fizeram duvidar de mim mesma, me fizeram me sentir inferior. Essa era a origem da minha mágoa e do meu rancor, mas, como infelizmente eu não tinha a menor consciência de nada disso, sem perceber, passei duas décadas tentando afirmar e reafirmar a minha superioridade em relação à diretora da ONG para quem quisesse ouvir. E principalmente para a diretora da organização! Eu enchia o peito e dizia para quem quisesse ouvir (inclusive para mim mesma):

*"Eu sou muito mais competente que ela."*
*"Ela tem inveja de mim."*
*"No dia em que eu desistir deste trabalho, aí sim ela vai se dar conta do que perdeu."*

Em algumas situações, dependendo do meu interlocutor, eu assumia o papel de "coitadinha":

*"Sempre sou tão simpática e prestativa, não sei por que ela não vai com a minha cara."*
*"Só tenho coisas boas a dizer sobre ela, não entendo por que a recíproca não é verdadeira."*
*"Eu já tentei, mas ela nunca me dá uma chance."*

Olha só quanto "recalque", como diriam os jovens de hoje!

O tempo passou e, claro, essa história está mais do que bem resolvida para mim, mas sabe do que eu ainda me lembro perfeitamente? Do quanto esperei que Hilda me pedisse perdão — afinal, a culpa era dela por não me dar o devido valor. Eu queria que **ela** me enxergasse, que **ela** "mudasse de ideia" a meu respeito, que **ela** se arrependesse e, enfim, me valorizasse!

Pobre de mim. Se tivesse continuado presa a esse círculo, estaria frustradíssima até hoje, porque nenhuma dessas expectativas se concretizou! Na verdade, aliás, fui eu que reconheci minha responsabilidade e pedi perdão a ela, depois de um imenso trabalho de *autoconhecimento*.

O que eu quero dizer com tudo isso é que... Bem, todos nós queremos ter valor. Mas não (só) para nós mesmos; queremos ser valiosos para o outro, para a sociedade, para a empresa, para a família. Portanto, quando alguém aparentemente invalida, ignora ou subestima a nossa importância, anulamos a nossa própria percepção de valor – pelo menos, é assim que nos sentimos, o que já é bastante difícil de admitir.

Mais duro ainda é identificar e assumir o nosso desejo de vingança contra aqueles que não nos reconheceram, que nos desvalorizaram e que, em última instância, fizeram com que a gente duvidasse de nossa própria capacidade.

Parte disso tem a ver com as religiões e com a religiosidade, que, ao longo de praticamente toda a história da humanidade, reiteraram quanto é feio e muito errado nutrir o desejo de revanche contra o próximo – a quem devemos, sobretudo, amar. Aliás, não é só a religião que nos ensina o que é "correto". Correntes filosóficas também se debruçaram sobre o tema e ajudaram a criar a imagem do "ser humano perfeito, íntegro, ético e moral", que passa longe, muito longe, do comportamento vingativo (falo um pouco mais sobre esse assunto daqui a pouco).

Mesmo que não sejamos adeptos de nenhuma crença religiosa, mesmo que nunca tenhamos lido a obra de qualquer filósofo, ainda assim carregamos esses valores no nosso inconsciente. Eles estão disseminados na nossa sociedade e na nossa cultura. Por isso, queremos alcançar essa perfeição, essa retidão, esse coração e comportamento exemplares a qualquer custo – do contrário, assumiremos que somos falhos e imperfeitos.

Junta-se a isso a nossa noção infantil e inconsciente de que só seremos amados incondicionalmente (e é esse o amor que queremos) se formos perfeitos (também explico isso mais adiante).

Veja que paradoxo imenso! Nós estamos prontos para apontar a falha alheia, mas não para assumir as nossas próprias falhas... Queremos que o outro assuma suas imperfeições e pague por elas, mas, por outro lado, não estamos dispostos a assumir a nossa condição de imperfeitos, ou mesmo nossas próprias imperfeições. Entre elas, nosso desejo de vingança. Não queremos pagar o preço, seja ele qual for. Será que é possível sair dessa encruzilhada?

### De quem é a culpa?
Ainda me lembro de quando disse em voz alta e pela primeira vez: "Eu quero muito que Hilda pague pelo que me fez passar". Eu até me assustei ao ouvir minha própria voz dizendo isso.

Você já fez isso? Digo: já assumiu, com toda a sua sinceridade, que tem vontade de acabar, xingar, difamar ou até de bater nas pessoas que lhe fazem ou fizeram mal? Que torce para que elas sintam, na pele, exatamente o que você sentiu por causa delas?

Talvez você não tenha mencionado nada em voz alta, mas por dentro... ou bem baixinho? Ou será que você sente que tem uma voz gritando para o mundo e que ecoa em si?

Bem, para mim, inicialmente, essa experiência foi extremamente dolorida. Tudo o que eu queria era ser uma pessoa amorosa e íntegra, mas, agora, era inegável que eu desejava o mal a alguém. Imagine minha tristeza em saber que, no final das contas, eu era mesmo capaz disso! Toda essa situação me fazia perceber que, por mais que eu me esforçasse, a realidade é que tinha em mim, sim, um pouco de maldade, o que, no meu jeito imaturo de pensar, me tornava uma pessoa ruim, corrompida, indigna de ter amigos, família, trabalho etc.

Pode parecer dramático, eu sei (os meus filhos, vira e mexe, tiram sarro da minha vertente dramática!). Mas é a pura verdade, era assim que eu me sentia! Afinal, eu só queria ser uma pessoa do bem, levava isso como uma filosofia de vida e, portanto, ter me deparado com essa "nova verdade" a meu próprio respeito não foi nada fácil.

A partir daquele momento, eu passei a ter tanta vergonha de mim mesma que comecei a morrer de medo de que alguém um dia me desmascarasse. Imagine se todo mundo soubesse desse meu lado tão cruel? Se alguém descobrisse quanto rancor existia no meu coração?

Para falar a verdade, eu só pensava nisso porque tinha certeza de que as outras pessoas não eram como eu. Não era possível que elas sentissem a mesma mágoa intensa que eu sentia e que o coração delas fosse tão maldoso quanto o meu, portanto, numa constatação aparentemente óbvia, isso significava que eu era mesmo inferior e mais maldosa que todo mundo. Eu, por minhas próprias referências, me julgava uma das escórias da humanidade...

Descobri, mais tarde, que estava profundamente enganada a meu respeito. Assim como eu, toda e qualquer pessoa invariavelmente encontra, em algum momento da vida, um acontecimento e uma dor que lhe façam sentir tanta raiva, tanto rancor e tanta "sede de vingança" como eu sentia.

No entanto, enquanto não temos consciência disso, como eu não tinha naquela época, entramos automaticamente no plano de "execução" da vingança.

E como nós nos vingamos! Estamos tão comprometidos em fazer com que o outro sofra e pague que não medimos esforços para alcançar esse objetivo – mesmo que isso se reflita diretamente em nossa vida (às vezes, apenas em nossa vida).

Hilda tinha despertado o meu lado mais sombrio, corrompido minha bondade e ainda feito com que me sentisse a pior das pessoas. Eu queria dar o troco e – inconscientemente, vale lembrar – coloquei meu plano em prática.

Para começar, cada vez que ia à ONG, fazia questão de demonstrar que estava insatisfeita, indisposta, triste e desanimada por causa daquele eterno "climão" com a diretora da instituição (embora o climão fosse realidade, nem de perto eu estava apática!). Mais: se via uma brecha, começava a falar mal de minha algoz e só parava quando não havia mais nada a dizer ou a inventar. Se nós duas participávamos de algum evento, eu torcia o nariz e sequer a cumprimentava (ficava na expectativa de que ela viesse até mim).

Em suma, fazia o que fosse possível e preciso para atingi-la. Eu não percebia que eu havia caído numa perigosa armadilha: do alto da minha ignorância, acreditava que estava me vingando dela, quando, na verdade, quem pagava a conta era eu. Eu que vivia em busca de reconhecimento; eu que não suportava a ideia de nunca o receber; eu que empregava toda a minha energia em devolver a ela a culpa por tudo o que eu mesma sentia de ruim.

**Simone seguiu um caminho parecido. Ela culpava o ex-namorado pelo fim da relação, mas infligia a si mesma todas as punições por não ter sido suficientemente boa para evitar o término do namoro. Mais que isso, ela se olhava no espelho e repetia, contundentemente, que todos os rapazes continuariam a deixá-la e que a verdadeira culpada, portanto, só podia ser ela. Acreditava que estava destinada a *morrer sozinha*, o que, sem perceber, era seu grande projeto de autovingança.**

**Carlos não ficou atrás. Na sua forma de olhar, era ele quem tinha permitido a falência da empresa que criara com tanto empenho e, pior, sem esboçar qualquer reação. Como forma de autopunição, abriu mão da liderança, de sua imensa capacidade de criação e de sua proatividade. Tornou-se amargo, infeliz e, ainda assim, acreditava que estava castigando a companhia.**

**Nós três queríamos punir os nossos algozes, aqueles que nos haviam causado dor, raiva e tristeza, aqueles que**

haviam nos feito nos sentirmos traídos e consequentemente não amados – aliás, indignos de receber amor. Tentamos revidar tamanha rejeição com a vingança, no entanto, miramos nossos vilões e acertamos em cheio a *nós mesmos*.

# A mãe que meus filhos não mereciam

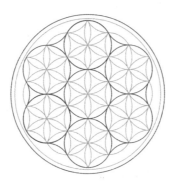

## O jogo dos sete erros

Você ficaria espantado se eu lhe contasse quantas vezes escutei frases do tipo: "Ninguém merece pais como os que eu tive. Eu não consigo esquecer ou ignorar o que eles me fizeram". Nos mais de 30 anos em que trabalho como terapeuta familiar, escutei não só frases como estas mas também outras muito parecidas. Para as pessoas que costumam repeti-las está bastante claro que perdoar os próprios pais está fora de cogitação, afinal, segundo suas justificativas:

*"Eu não tenho absolutamente nada a ver com meus pais, eles são relapsos e descomprometidos."*

*"Eu tenho vergonha deles e de sua ignorância."*

*"Eles são tão limitados que nem sei como consegui chegar até aqui."*

*"Eles nunca foram atenciosos ou carinhosos comigo, o que eu fiz foi sobreviver à infância."*

*"Eles costumavam ser hostis, autoritários e severos em qualquer situação."*

*"Eles eram omissos, nunca nem sabiam o que eu estava fazendo ou de que forma."*

*"Eu nunca consegui entendê-los, não entendo até hoje."*

*"Quando estou com meus pais, sinto que sou um peixe fora d'água."*

*"Nunca vou querer ser como eles."*

Por mais habituada que esteja com afirmações desse tipo, quando me vejo diante delas, sinto-me verdadeiramente tocada pela dor e tristeza que costumam acompanhá-las.

No entanto, houve um dia, em especial, em que foram justamente elas, essas mesmíssimas frases tão repletas de mágoa, as responsáveis por me abrirem as portas para uma nova e profunda compreensão do perdão.

Antes de lhe contar o que me aconteceu, preciso compartilhar um pensamento: eu, particularmente, acredito que todos nós estamos em profunda conexão com o universo, e que o universo está igualmente conectado conosco. Para mim, quanto mais abertos e atentos estivermos a esse elo, mais preparados estaremos para receber o que é nosso por direito. O que é, por definição, para ser nosso.

No caso que vou dividir com você agora, creio que o universo queria me entregar a missão de entender, efetivamente, como e por que o perdão é a revolução que falta na vida da maior parte das pessoas. E foi ali, a partir daquele momento, que abracei a missão de disseminar esse aprendizado.

Vitor chegou desconfiado à minha sala. Era seu primeiro atendimento comigo, estava claramente desconfortável, mas, como sua angústia era maior que qualquer desconforto, falou durante toda a sessão. Há alguns anos, contou, nada lhe satisfazia, nada lhe alegrava, nada lhe dava propósito para sair da cama pela manhã. Tinha pouco menos de 40 anos e sentia-se cansado da vida, apático, desmotivado, ansioso, depressivo, sem qualquer autoestima, o que repercutia em tudo o que fazia. O trabalho ia mal, assim como o namoro, a família, as finanças, as amizades...

Faltando alguns minutos para o fim do nosso encontro, quis saber mais sobre sua relação com os pais e como tinha sido sua infância. Vitor tentou se conter, mas seus olhos revelaram furor, uma mágoa tão grande e tão palpável que quase me arrependi de ter levantado aquela questão naquele momento. Ele não quis se estender; disse apenas a fatídica frase: "Ninguém merece pais como os que eu tive". Saiu e me deixou com a impressão de que não voltaria.

Naquele mesmo dia, horas mais tarde, recebi Giovana, também pela primeira vez. Ela chegou à minha sala da mesma forma: desconfiada, claramente desconfortável e... bem, seria perda de tempo repetir a história, já que tudo se deu exatamente da mesma forma (Sim... Tem dias que eu fico até um pouco confusa com a repetição de eventos que a vida me apresenta!).

Giovana e Vitor pareciam almas gêmeas. Compartilhavam não só as mesmíssimas queixas, como também os mesmos trejeitos.

Eu não podia acreditar. Confesso que até inventei uma desculpa para interromper a sessão rapidamente, correr aos meus arquivos e verificar se tinham o mesmo sobrenome ou algo que indicasse algum grau de parentesco. Não, não tinham. Não se conheciam e não possuíam qualquer conexão, confirmei depois.

Continuei a sessão com Giovana e, quase como num tira-teima, fiz a ela a mesmíssima pergunta. "Ninguém merece pais como os que eu tive", respondeu pouco antes de fechar a porta. Dessa vez, no entanto, tive certeza de que ela voltaria, assim como Vitor. Aquela coincidência projetada pelo universo, pensei, não se restringiria à tão breve experiência de apenas conhecer dois seres tão distantes e tão similares. O que será, então, que eu estava prestes a aprender com eles?

Voltando para casa, sorri sozinha. Senti que estava diante do "jogo dos sete erros" – aquela brincadeira para crianças (ou seria para adultos?) em que é preciso identificar as sete mínimas diferenças e peculiaridades entre duas imagens aparentemente idênticas. Ingenuidade minha. Aos poucos, descobri que Vitor e Giovana estavam longe de compartilhar as semelhanças que enxerguei e projetei no nosso primeiro encontro.

### Nós não criamos, apenas... copiamos?

Antes de continuar a história de Vitor e Giovana, preciso lhe contar algo de extrema importância, que fará toda a diferença na sua trajetória de perdão. É possível que você já tenha lido ou ouvido falar a respeito e até mesmo que já saiba bastante sobre o assunto (principalmente se leu minha obra anterior, *O mapa da felicidade*, também publicado pela Editora Gente, em 2014). Seja como for, preste muita atenção nesta informação:

Nós, seres humanos, somos cópia e repetição dos pais que tivemos na infância.

*Como assim?!,* você pode estar se perguntando.

Pois é, exatamente assim. E mais: isso se aplica a mim, a você, ao Vitor, à Giovana, e a qualquer pessoa que conhece ou já conheceu na vida (é o que afirmam muitas correntes da psicologia e da psicanálise, além de diversas pesquisas da neurociência).

Quando todos nós éramos crianças, nossos pais (biológicos ou substitutos) foram os responsáveis por transmitir absolutamente todos os valores, conteúdos e noções de que dispomos quando adultos, mesmo aqueles dos quais não gostamos ou com os quais não concordamos. Em suma, toda a nossa compreensão de mundo deriva deles, bem como o nosso comportamento diante de qualquer situação.

Isso precisa ficar muito claro, então, vou lhe dar um exemplo:

*Você se lembra de como seus pais se comportavam quando estavam irritados ou tristes?*

*Eles demonstravam esses sentimentos ou tentavam escondê-los?*

*Se demonstravam o que sentiam, como o demonstravam? Se escondiam, como escondiam?*

Importante: caso não tenha tido contato com seus pais por qualquer motivo, você também pode e deve fazer essa reflexão. Tente se lembrar das ações e dos comportamentos das pessoas que estiveram mais presentes e cuidaram de você durante a infância; aquelas que o influenciaram e, de alguma forma, garantiram que você chegasse à vida adulta. E, daqui em diante, sempre que eu propuser algo relacionado aos pais, trabalhe com as memórias que você tem dessas mesmas pessoas.

A minha intenção é que, a partir de agora, você comece a entrar em contato com sua história. Pode ser que esse exercício lhe traga rapidamente inúmeras lembranças, algumas boas, outras nem tanto. Ou talvez você encontre dificuldade e não consiga se recordar de nenhum episódio ou momento em específico. Nesse caso, respire e inspire profundamente por alguns instantes, e deixe fluir. Aguarde. Quando estiver pronto, naturalmente vai se recordar de algum acontecimento, por menor que ele lhe pareça.

Assim que se sentir confortável e preparado, responda com sinceridade (pode usar seu caderninho de reflexões de novo, se você quiser):

*De alguma forma, você se reconhece nesses comportamentos dos quais acaba de se lembrar?*

*Existe algo em comum entre a maneira como você age hoje e a forma como costumavam agir seus pais na sua infância?*

*Ou tudo lhe parece tão diferente que, na verdade, você até diria que faz praticamente o oposto do que e de como seu pai e/ou sua mãe faziam?*

Se não conseguir responder a essas perguntas, tudo bem. Eu também, quando comecei a minha investigação interna e me propus a esse mesmo exercício, não encontrava qualquer conexão entre o meu comportamento e o dos meus pais. No entanto, como já sabia que não passava de uma "cópia e repetição" daquilo que havia aprendido com eles, insisti nessas questões até identificar qualquer elo entre uma coisa (no caso, eu) e outra (no caso, meus pais).

Na realidade, para mim, o primeiro passo para relembrar como era o comportamento deles foi relativamente fácil, porque eu tinha várias memórias de momentos em que os vira tristes, aborrecidos ou bravos. Uma delas me parecia mais clara: a maneira como, por diversas vezes, tinham sido severos comigo e com meus irmãos "apenas" porque estavam irritados ou chateados com alguma de nossas artes — que, diga-se de passagem, eram incontáveis (aliás, para ser muito sincera, eu dava mais trabalho que meus irmãos; ninguém diria que aquela menininha com aparência tão angelical poderia aprontar tanto).

Então, quando comecei a olhar para trás e refletir sobre essas questões, reconheci que, de fato, não tínhamos sido crianças fáceis... Mesmo ciente disso, porém, e até acreditando que eu merecia todos os castigos que me haviam sido infligidos na infância, aquelas lembranças me despertavam uma sensação estranha, negativa, dolorida.

Quanto mais fundo ia na minha história, mais me recordava de como todas aquelas broncas e punições físicas tinham me magoado naquela época — quando aconteciam, me sentia humilhada, injustiçada, traída e vulnerável.

Essa informação me parecia nova na fase adulta (por que não me lembrava disso até então?), mas agora estava muito claro: sempre que meus pais me repreendiam quando eu era pequena, sentia **muita** raiva deles! Afinal, eles eram tão, mas tão autoritários, que eu não encontrava qualquer espaço para extravasar minha personalidade de criança, com todas as minhas travessuras e toda a minha criatividade (aliás, você já reparou como as travessuras infantis são criativas?). E por isso, como tantas outras pessoas, comecei a acreditar que "ninguém merecia pais como os que eu tinha".

Ok, essa foi a minha primeira percepção, mas, ainda assim, não conseguia entender: qual a ligação disso com a pessoa que havia me tornado? Além de servir para constatar minha mágoa infantil, essa viagem ao passado me serviria para quê? Será que a minha mais nova descoberta tinha qualquer relação com o que eu vivia no presente?

Eu já era mãe quando comecei a encontrar essas respostas.

Embora fosse extremamente difícil admitir, percebi que, muitas das vezes em que ficava irritada ou triste com minha primeira filha, imprimia a ela a mesma rigidez da qual me sentia vítima quando menina. Era como se aquele comportamento fosse tão parte de mim, tão espontâneo para mim, que naturalmente eu o repetia, mesmo sabendo o mal que tinha me causado na minha própria infância. Bastou esse entendimento para que eu fosse tomada por uma imensa culpa: seria eu a mãe que meus filhos mereciam ter?

## O oposto também é igual

Cada vez que me encontrava com Vitor ou Giovana, eu me lembrava perfeitamente do momento em que constatei quanto de meus pais havia em mim, principalmente na maneira como castigava minha filha. No entanto, aquela tinha sido apenas a primeira de muitas autodescobertas que tive de fazer até que pudesse me perdoar por "imitá-los" e perdoá-los por, muitas vezes, não terem sido pais exemplares — inclusive em aspectos que eu nem imaginava.

A verdade é que meu pai e minha mãe não tinham somente me ensinado a agir quando eu estava irritada ou triste, ou punir meus filhos quando eles me irritassem ou chateassem. Esses comportamentos faziam parte de um "pacote" muito maior, muito mais extenso e complexo, que também se manifestava na maneira como eu entendia e agia diante do amor, da paixão, da amizade, da lealdade, do companheirismo, do trabalho, da família, e de tudo o mais que você puder listar — inclusive em relação aos acontecimentos que eu julgava imperdoáveis.

Não que eles tivessem me dado lições práticas sobre cada um desses assuntos. Não houve um dia, por exemplo, em que se sentaram à mesa e disseram: "Hoje, vamos falar sobre amizade e lealdade". Na realidade, eu, como toda criança (e isso tudo também se aplica a você), aprendia por observação, ou seja, assistia à maneira como eles agiam, para depois, naturalmente, reproduzir o comportamento a que tinha assistido.

E que melhor ideia do que crescer copiando os próprios pais? No meu sonho e entendimento infantil, eles eram perfeitos! Portanto, se eu me comportasse a exemplo deles, também seria perfeita — o que significava que seria amada, aceita e compreendida incondicionalmente, e nunca mais castigada ou punida.

Sem que eu me desse conta, todo esse ideário continuou a me acompanhar até a fase adulta. No entanto, como não tinha consciência, eu sempre repetia o modelo de meus pais à exaustão (afinal, no fundo, eu ainda acreditava que assim seria amada). Aos poucos, isso se tornou mais e mais claro para mim a partir do trabalho de autoconhecimento, mas inicialmente não era nada fácil aceitar quem eu havia me tornado "por causa deles".

Tanto é que, de vez em quando, eu buscava exaustivamente algum comportamento que considerava ser apenas meu, que parecesse o mais distante e oposto possível do que eu havia aprendido na infância. Ficava maravilhada diante da ideia de que "meus pais jamais fariam isso da maneira como eu faço", fosse qual fosse o assunto. Pois é, engano meu: rejeitar por completo e/ou agir de maneira inversa em relação ao que nos foi ensinado também é uma forma de reproduzir o comportamento de nossos pais.

Esse, aliás, era o caso de Vitor. De fato, como eu imaginava, ele trazia lembranças muito doloridas da infância, por isso tinha tanta dificuldade em conversar sobre o assunto. Levou algum tempo, mas aos poucos ele começou a me contar sobre seus pais — um casal que, segundo suas memórias tão vivas, apresentava comportamento bastante abusivo.

"Eu cansei de apanhar por nada. Qualquer coisa era motivo para que eles fossem violentos, não só comigo, mas também com meus irmãos e até entre eles. Eram tantos os xingamentos e as brigas que, até hoje, não suporto quando ouço alguém falar mais alto."

Não tinha me atentado para isso em nosso primeiro encontro, mas era verdade. Embora falasse bastante, Vitor apresentava sempre o mesmo tom de voz, bem suave e baixo, quase como se não quisesse ser ouvido (o que era paradoxal para alguém com tanta coisa a dizer). Com essa tranquilidade aparente, ele afirmava ser absolutamente intolerante a qualquer tipo de violência física e que, por diversas vezes ao longo da vida, virou as costas para eventuais discussões sempre com o mesmo argumento: "Não sou capaz de brigar".

Ele fazia qualquer negócio para jamais, em hipótese alguma, reproduzir o exemplo de seus pais. No entanto, mesmo que não tivesse a capacidade de desferir socos, tapas ou pontapés nas pessoas ao seu redor, a agressividade em suas frases era muito palpável.

"Eles nunca se preocuparam com a nossa saúde, nosso bem-estar ou nossa educação. Eu podia tirar a nota mínima ou a máxima. Não fazia a menor diferença. Por melhor que eu fosse ou por mais que eu fizesse, nada disso tinha valor. Parecia que eles estavam sempre à espera de algum motivo para me bater ou xingar. Eu não sei como nunca revidei! Naquela família, eu era apenas um peso morto".

Vitor chegou à fase adulta acreditando, de acordo com as próprias palavras, ser um peso morto. E, por isso, já não se esforçava mais. Para ele, qualquer coisa que fosse ou fizesse, de bom ou de ruim, não teria valor algum. Além disso, com grande frequência, ele também era extremamente crítico e até cruel quando falava sobre si ou sobre as pessoas que amava. Embora nunca recorresse à força física para ferir alguém, certamente sabia muito bem como fazê-lo com suas palavras — que proferia calmamente e em tom ameno, muitas vezes sem imaginar quão violentas soavam para quem as escutava.

*"As pessoas que dizem me amar sempre querem alguma coisa em troca."*
*"Eu não acredito em felicidade, isso é algo inventado pela sociedade."*
*"As pessoas ao meu redor são falsas e interesseiras. Não vejo razão para manter relações profundas com elas."*
*"Eu tenho tantos defeitos que, para minha vida dar certo, precisaria nascer de novo."*

Certamente, Vitor não percebia como seus gestos, aparentemente tão contrários aos de seus pais, levavam-no a um lugar muito familiar. As mágoas que trazia da infância não só se repetiam em sua vida adulta, mas também estavam por detrás de todas as queixas que sempre me apresentava. E a agressividade continuava a ser marca registrada em cada um de seus passos, mas, desta vez, era ele mesmo quem a infligia a si e aos outros.

## A falta que eu me faço

O trabalho com Giovana, que também já beirava a faixa dos 40 anos, foi mais difícil. Minhas propostas, perguntas e interferências não pareciam fazer sentido para ela, que estava muito acostumada a lidar com todas as questões da vida única e exclusivamente sob pontos de vista lógicos e racionais. Por isso, quando eu desafiava seu intelecto, ela rapidamente refutava minhas colocações. Demorou bastante para dar vazão ao seu lado emocional e mais ainda para falar sobre temas que considerava desnecessários — como, claro, sua infância e seus pais.

*Não sei o que isso tem a ver com meus problemas de hoje*, ela me dizia num tom raivoso.

Havia algo errado e sua imensa disposição em não tocar no assunto me deixava alarmada. O que será que havia acontecido com essa moça?

*Eu não falo sobre 'ELES', porque 'ELES' não existem mais e não têm a menor importância*, soltou uma tarde, irritada, sem receio de soar como uma adolescente rebelde.

A revolta em sua fala chamou minha atenção, claro, mas aquela era a maneira que ela havia encontrado para finalmente me dar abertura. A seu modo, Giovana estava me dizendo: "ok, agora, sim, podemos conversar sobre o assunto" (lembre-se, não tente fazer isso em casa! Ouvir o pedido de ajuda inferindo abertura psíquica só deve ocorrer num espaço protegido — como um consultório). E, depois de tanto suspense, tantos obstáculos e tantas tentativas, você talvez se surpreenda com a história que ela relutava em me contar. Na realidade, os seus pais tinham sido...

Ausentes. É, isso mesmo, ausentes, muito ausentes.

Eles trabalhavam muito, nunca estavam em casa, pouco lhe davam atenção e, somente de vez em quando, em ocasiões muito especiais (mas muito mesmo!), reuniam-se para alguma refeição com os filhos. Ela e o irmão haviam sido cuidados por babás, que nunca ficavam mais do que alguns meses com sua família. Durante toda sua infância, dizia, não se lembrava de alguém com quem tivesse criado laços profundos de amor e carinho.

Giovana nunca tinha sido castigada ou punida fisicamente, não se lembrava nem mesmo de ter tomado uma bronca ou de ter sido flagrada em alguma arte. Segundo suas memórias, seus pais mantinham diálogos tão breves entre si ou até mesmo com as pessoas ao redor que, dadas as circunstâncias, pareciam incapazes de sequer discutir sobre algum assunto — que dirá manifestar algum tipo de agressividade, como faziam os pais de Vitor.

"Em termos materiais, nós sempre tivemos tudo do bom e do melhor. No entanto, quanto a eles, era como se vivessem num estado constante de letargia. Não pareciam sentir amor, ódio, tristeza, raiva, nada... Se sentiam, eu nunca soube e nunca vi. Tudo o que sei sobre eles, hoje, é que iam e voltavam do trabalho, construíram um bom patrimônio, e morreram sem aproveitar a vida."

Morreram sem aproveitar a vida.

Morreram sem aproveitar a vida! Aquela frase ecoou na sala de atendimento e em mim. Quanta dor sentia Giovana por acreditar que a breve existência de seus pais se resumia a nada: nenhum sentimento, nenhuma troca, nenhum legado... Apenas um bom patrimônio material.

Giovana era muito inteligente, articulada, falava sobre qualquer assunto de forma fluente, como se não houvesse tema que não conhecesse a fundo. Tinha uma carreira promissora, um namorado interessante, alguns poucos e bons amigos, mas nada disso lhe parecia suficiente. Ela se sentia vazia, como se algo sempre lhe faltasse.

"Eles nunca estavam presentes e, agora, é como se eu também estivesse ausente na minha própria vida", afirmou depois de um bom tempo, quando já havíamos evoluído muito no nosso trabalho.

A dor de Giovana estava escancarada. A falta de seus pais teve impacto direto em sua vida adulta e, por maior que fosse sua mágoa, ela agora repetia seu modelo de infância no piloto automático. Via-se num estado de letargia, que ela mesma supunha semelhante ao de seus pais, mas queria ajuda: não pretendia se deixar morrer sem aproveitar a vida.

"E agora que eu sei disso, como faço para mudar?", ela e Vitor me perguntaram eventualmente, em seus próprios momentos.

Quando isso aconteceu, enfim, estávamos prontos para começar a trajetória do perdão.

## O peso da mágoa, do preconceito e do julgamento

Bem, como eu lhe disse antes, as semelhanças que, à primeira vista, supus e enxerguei em Vitor e Giovana rapidamente se desfizeram. As suas histórias eram muito diferentes, assim como a razão de suas dores. No entanto, eles continuavam a apresentar algo em comum: o desânimo, a apatia, a depressão, a falta de motivação, a baixa autoestima, a ansiedade, o medo de errar e todas as demais queixas que me trouxeram ao longo de nossos encontros. Elas eram, de fato, praticamente idênticas e já estavam instaladas há um bom tempo. Em outras palavras, por mais distintas que fossem suas mágoas (e a origem delas), o efeito que causavam eram similares e duradouros.

Esse foi o meu aprendizado com eles. Digo, se não fosse aquele choque inicial que senti ao conhecê-los (claro que tê-los atendido pela primeira vez no mesmo dia contribuiu para isso), se não fosse aquela sensação de que o universo estava prestes a me enviar alguma lição importante, talvez eu tivesse demorado muito mais tempo para entender que é impossível medir ou comparar mágoas e rancores, ou calcular o efeito que são capazes de causar na vida de alguém. Consequentemente, também é impossível julgar qual dor é pior ou definir qual perdão é mais difícil conceder.

Vitor ressentia a dor de pais abusivos, enquanto Giovana pagava o preço por ter tido pais ausentes. Você, talvez, considere uma situação muito pior que a outra, uma experiência muito mais dura que a outra. Esse julgamento, aliás, pode até ter lhe feito pensar coisas horríveis a respeito de um dos dois ou dos dois.

Será que alguma dessas frases passou pela sua cabeça?

*"Esse rapaz parece ser muito arrogante, merece o que está passando."*
*"Ele está se fazendo de vítima da situação."*
*"É, realmente ele precisa nascer de novo para sua vida dar certo."*
*"A infância dessa moça foi sem brigas e com dinheiro de sobra; ela está reclamando de barriga cheia."*
*"Se está dando tudo certo, a carreira, o namoro, os amigos, ela está procurando pelo em ovo."*
*"Quisera eu ter tido pais ausentes como os dela; muito melhor do que os que eu tive."*

Ou, então, você também pode ter se identificado e se sensibilizado com essas histórias:

*"Coitado do Vitor, eu sei bem como é crescer num lar hostil."*
*"Ele está certo, as pessoas são mesmo interesseiras."*
*"Também acho que a felicidade é uma invenção."*
*"Pobre Giovana, como é duro crescer sem amor e atenção."*
*"Deve ter sido muito difícil assistir aos próprios pais jogarem a vida fora."*
*"Se eu estivesse na pele dela, acho que sofreria até mais."*

Seja como for, qualquer opinião ou sensação que você expressou durante meus relatos, diz muito mais sobre você do que sobre Vitor ou Giovana. Ou seja: trata-se do seu ponto de vista, baseado na sua vivência, nos seus aprendizados, nas suas crenças e nos seus valores (muitos deles aprendidos e trazidos da infância).

Não importa se suas considerações foram positivas, negativas ou neutras. O que elas revelam é que você, como todo mundo em qualquer lugar do planeta, exerce um olhar crítico e julgador em relação ao que está ao seu redor — e, não se engane, sobre si mesmo também.

Por exemplo, você já bateu o olho numa pessoa e pensou: "Que roupa mais estranha"? Ou ouviu uma história de traição e rapidamente afirmou: "Eu jamais reataria o namoro depois disso tudo"? Ou ainda avaliou sem hesitar: "Ele só foi promovido porque é amigo do chefe"? Ou pior ainda, "Ela foi promovida porque dormiu com o chefe"? Pois é, tudo isso é julgamento.

No entanto, como num tribunal, você só declara essas sentenças porque tem absoluta certeza de que está certo. Ou seja: sob seu ponto de vista, se você não usaria aquela roupa, quem a usa está cometendo um erro. Da mesma forma, se não retomaria o romance e se não aceitaria uma promoção apenas por ter uma boa relação com seu superior, quem reatou e quem ascendeu na carreira está cometendo um erro. Até mesmo pensar sobre a pessoa que dormiu com o chefe é um julgamento, afinal, você deve ter ouvido dizer ou imaginado sem ao certo saber se é (ou não) verdade!

Isso mostra, como disse há pouco, que sua opinião expõe muito sobre quem e como você é, mas não revela absolutamente nada sobre o outro. Por mais que não veja maldade nisso, e por mais que já tenha se visto em situações muito semelhantes (e, por experiência própria, saiba de alguma forma que os resultados dessas escolhas serão negativos), você simplesmente não tem como inferir como aquela pessoa se sente com aquela roupa, quanto aquele namoro pode durar (ou não) depois da traição, ou se a promoção tem (ou não) a ver com o merecimento de quem foi promovido.

Essas suposições, ainda que mascaradas como senso comum ou protegidas por suas convicções pessoais, têm tudo a ver com preconceito. Outro exemplo: você já se viu num ambiente novo, rodeado por pessoas desconhecidas, e começou a "etiquetá-las"? Às vezes, isso é tão automático e tão natural, que não nos damos conta do que estamos pensando: "Aquela moça tem cara de inteligente"; "Aquela outra parece vulgar"; "Aquele rapaz tem jeito de arrogante"; "Aquele outro não está a fim de nada com nada".

Essas conclusões, tiradas de forma tão breve e espontânea, também são resultado do nosso julgamento e do nosso preconceito. Afinal, classificamos e desclassificamos aqueles que estão ao nosso redor sem nem mesmo conhecê-los, às vezes sem nem sequer sabermos seus nomes, idades ou termos qualquer informação a seu respeito. E, uma vez que encerramos essa "profunda" análise, estamos prontos para nos aproximar daqueles com quem nos identificamos à primeira vista e para nos afastar daqueles que consideramos diferentes, estranhos, esquisitos e, enfim, em algum nível, piores ou inferiores em relação a nós mesmos.

E sabe o que é mais incrível nesse processo? A nossa capacidade de ir além para, mais uma vez, provar que estamos certos! Eventualmente, quem não teve a menor chance conosco apresentará algum comportamento que, sob nossa perspectiva, é negativo. E, pronto, era tudo o que precisávamos para proferir: "Eu sabia que ele(a) não valia a pena"; "Eu senti que havia algo errado com ele(a)"; "Eu tinha certeza de que nada de bom poderia sair dali".

Costumo chamar esse mecanismo de "gancho": ao longo da vida, nós nos enganchamos com as pessoas simplesmente porque atribuímos a elas características às quais, em suma, valorizamos ou desprezamos. Às vezes, é até verdade que elas possuem esses trejeitos que identificamos; mas, se somos capazes de enxergá-los e até de classificá-los como bons ou ruins, eles estão muito mais latentes em nós mesmos do que nelas.

O que eu quero lhe mostrar com tudo isso é que, quando praticamos o julgamento e o preconceito, sempre partimos do princípio de que estamos certos e de que somos superiores, seja qual for a situação ou o assunto; e se nós estamos certos e somos superiores, o outro só pode estar errado e ser inferior. Aliás, vale dizer que, nesse nosso tribunal particular, o réu raramente tem direito à defesa: os fatos e acontecimentos são apresentados apenas sob a nossa perspectiva unilateral, ou seja, exclusivamente a partir do nosso próprio ponto de vista, como reiterei algumas vezes.

Mas será mesmo que não existe a menor possibilidade de o outro também ter razão? Será que nós somos mesmo sempre mais? Mais inteligentes, mais espertos, mais preparados e, portanto, superiores em comparação àqueles que estão na mira dos nossos julgamentos e preconceitos? E, por fim, será possível que somos tão corretos a ponto de nunca falharmos — e, consequentemente, a ponto de nunca nos vermos na posição de quem precisa ser perdoado em vez de quem oferece perdão?

# Afinal, por que é tão importante estar certo?

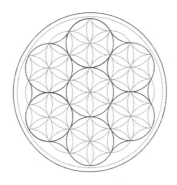

## O modo autoritário de agir

As punições e os castigos que marcaram minha infância eram, na realidade, traços do autoritarismo de meus pais. Também criados sob um sistema autoritário, eles acreditavam que criança não tinha que querer nada (já ouviu essa frase?). Ou seja, estavam sempre com a razão e, por isso, não podiam nem deviam ser questionados, confrontados ou desafiados, muito menos pelos próprios filhos.

Com um exemplo tão forte e tão poderoso, é claro que aprendi a lição direitinho! Como eles, também me tornei uma adulta autoritária, mas não só como mãe. Esse aprendizado se estendia para todas as áreas da minha vida. Por onde quer que passasse, fosse qual fosse a decisão a ser tomada, eu sempre dava um jeitinho de que as coisas acontecessem exatamente da maneira como eu queria.

A verdade é que não havia espaço para que ninguém questionasse minhas colocações, mesmo porque, na minha cabeça, eu também sempre tinha razão. Confesso que esse foi um dos padrões de comportamento mais difíceis de modificar ao longo da minha trajetória (para ser sincera, até hoje, de vez em quando ainda me vejo nele). No fundo, eu me sentia (e às vezes ainda me sinto) bastante confortável naquela posição.

Levei alguns tombos e precisei de um longo trabalho de autoconhecimento até que pudesse perceber e assumir quanto o autoritarismo me prejudicava e fazia mal às pessoas que eu mais amava. Para começar, tinha imensa dificuldade em lidar com as minhas próprias falhas, afinal, não aceitava de forma alguma que eu, como qualquer pessoa no mundo, também estava suscetível a cometer erros. Você consegue, então, imaginar quanto eu sofria cada vez que isso acontecia? A verdade é que a satisfação em "estar certa" não fazia valer a pena a dor de "estar errada"!

Quanto às pessoas ao meu redor, bem, elas precisavam lidar com o meu modo de ser impositivo, impetuoso e às vezes até agressivo. No entanto, com frequência, esse meu "jeitão" fazia com que se sentissem reprimidas, ignoradas, não vistas e até humilhadas por mim, da mesma forma que eu me sentia diante dos meus pais. Por um bom tempo, muitos dos meus relacionamentos ficaram por um fio tamanha era a mágoa que eu causava sem perceber.

Em resumo, no final das contas, querer estar sempre certa era um dos meus maiores e mais frequentes erros! E, quando me dei conta disso, comecei a questionar: por que, para mim e para tanta gente, é tão importante ter sempre razão?

Para responder a essa pergunta, preciso lhe falar um pouco sobre religião e filosofia. Como eu disse antes, para grande parte das pessoas, o "estar certo" implica que alguém está errado. É uma dualidade muito presente em nossa sociedade e que vem acompanhada de perto por tantas outras, como as noções de bem e mal; Deus e o diabo; céu e inferno; sombra e luz.

Isso tudo é tão, mas tão antigo, que lá atrás, no século III, o filósofo Maniqueu já propunha uma visão dualista do mundo: segundo seus princípios, o espírito era intrinsecamente bom, enquanto a matéria era intrinsecamente má. O termo *maniqueísmo*, aliás, é usado até hoje para designar situações em que há um embate entre dois polos.

Acredite, porém, Maniqueu não foi o primeiro a abordar o assunto. Antes dele, filósofos gregos e romanos também debatiam a moral e a ética humana, e buscavam determinar um conjunto de valores e costumes que pudessem definir, categorizar e separar os homens bons dos maus. O tema, na verdade, continua em voga na filosofia, que ainda tenta responder: afinal, nós, seres humanos, já nascemos éticos e morais ou esses são valores que aprendemos ao longo de nossa existência?

Claro, nem todos enxergaram essas como as únicas opções na mesa. Para alguns pensadores, como Nicolau Maquiavel (1469-1527) e Thomas Hobbes (1588-1679), o ser humano seria, na realidade, mau e estaria fadado à sua natureza corrompida, pelo menos na interação social, isto é, na interação com outros homens. Outros filósofos se opunham diametralmente a essa ideia. Jean-Jacques Rousseau (1712-1778) é um exemplo notório desse segundo grupo. Para o filósofo francês, o ser humano nasceria intrinsecamente bom, e suas experiências de vida seriam (ou não) capazes de corrompê-lo.

Finalmente, há uma terceira vertente filosófica, que se apoia na noção de tábula rasa. Essa ideia já existe desde o grande filósofo grego Aristóteles (384 a.C.-322 a.C.). No entanto, foi o inglês John Locke (1632-1704) que a desenvolveu em tempos modernos. A ideia da tábula rasa é a de que nós, seres humanos, nascemos como uma folha em branco e é a vida que nos imprime características pessoais, sejam boas ou ruins. Por sua vez, um dos maiores críticos dessa dualidade, o filósofo alemão Friedrich Nietzsche (1844-1900) defendia que nada, em sua essência, poderia ser definido apenas como exclusivamente bom ou mau.

Lado a lado com a filosofia, as religiões, principalmente as monoteístas (aquelas que têm um deus único), também se propuseram a definir quem é o ser humano de bem e qual comportamento exemplar que dele se espera. Os dez mandamentos, por exemplo, símbolo da tradição judaico-cristã, pregam, entre outras, regras como "não matarás", "não roubarás" e "não cometerás adultério", que devem ser seguidas à risca para que se possa alcançar a retidão necessária perante Deus.

Aliás, para o cristianismo, especificamente, Ele é o grande e o único detentor de todas as noções do que é moralmente correto; portanto, a única maneira de louvar seus ensinamentos e de adotar o caminho do bem é obedecer às lições e regras proferidas nos livros sagrados.

Talvez você entenda muito mais sobre esses assuntos do que eu, ou talvez esteja "ouvindo" falar sobre isso pela primeira vez. Eu quis trazê-los à tona, mesmo sem me aprofundar muito, apenas para que perceba o impacto histórico da filosofia e da religião na nossa sociedade. Mesmo se não quisermos, mesmo que não tenhamos qualquer contato com esses temas, ainda assim seremos influenciados por seus valores e preceitos ao longo de nossa vida.

O bem e o mal, o certo e o errado, o claro e o escuro vão continuar a permear as relações humanas, e isso talvez seja inevitável (pelo menos foi assim até aqui).

O grande problema por detrás dessa ideia de que é possível dividir o mundo em "bom" e "mau" está no fato de que fomos todos criados para acreditar que nós é que somos os bons. Consequentemente, tudo o que foge ao nosso conceito individual de bem, de certo e de claro é digno de ser criticado, rejeitado, condenado, humilhado e não perdoado.

## Esse é o meu castigo (e também deve ser o seu)

Não sei se você reparou, mas as três histórias que lhe apresentei anteriormente — a minha, a de Vitor, e a de Giovana — falam não só sobre o relacionamento com nossos pais, como também sobre a maneira como fomos (ou não) punidos por eles durante a infância. Há alguns motivos para que eu tenha optado por esses exemplos e por esse caminho.

Em primeiro lugar, eu queria mostrar claramente para você como nosso aprendizado infantil tem tudo a ver com os adultos que somos hoje.

Quando não temos consciência de que copiamos e repetimos o comportamento dos pais que tivemos quando crianças, nós também não conseguimos evitar ou modificar comportamentos que nos fazem mal. Esse entendimento tem uma profunda relação com a nossa trajetória de perdão (no próximo capítulo vou lhe explicar melhor).

Eu também lhe contei que continuei a buscar a perfeição até a fase adulta porque, sem perceber, continuava presa à crença infantil de que essa era a única maneira de ser amada, aceita e compreendida incondicionalmente, e nunca mais castigada ou punida.

O que eu não lhe disse é que, infelizmente, eu não fui a única a passar por isso. Todos nós, quando éramos pequenos, formatamos uma espécie de "cartilha" de comportamentos que seriam necessários para que pudéssemos alcançar a perfeição e, assim, recebermos o amor incondicional. Essa cartilha, totalmente inspirada e baseada em nossos pais, é o que nos orienta por toda a vida.

Por isso, enquanto não tomarmos conhecimento dela e enquanto não questionarmos algumas de suas lições, estaremos ainda em algum nível comprometidos com o objetivo de, um dia, sermos perfeitos. O que me obriga a lhe dar uma notícia que pode parecer um pouco frustrante: a essência humana é imperfeita por natureza.

Nem eu, nem você, nem ninguém somos capazes de acertar sempre. De ser do "bem" sempre. Temos, em contrapartida, uma capacidade maravilhosa de enxergar, aceitar e aprender com nossos erros, o que, sinceramente, pode ser muito mais satisfatório do que estar o tempo todo com a razão.

E esse é um dos princípios mais básicos do perdão.

Aceitar o velho clichê de que "ninguém é perfeito" significa, na prática, compreender que somos todos iguais e estamos igualmente suscetíveis a acertar e a falhar. Sabendo disso, por que, então, você cobraria tanto a si mesmo e aos outros? Por que esperaria tanto ser capaz de demonstrar uma retidão e um comportamento exemplares? Pior: por que acreditaria tanto que alguém no mundo teria essa capacidade?

Eu sei... Pode parecer difícil se desfazer ou simplesmente questionar sua cartilha infantil. Afinal, ela tem sustentado suas ações e comportamentos desde que você se entende por gente. Mas o que eu quero que você perceba é que, desde pequenos, temos vivido sistematicamente sob o princípio de que é preciso ser perfeito e nunca falhar, porque quem falha merece ser punido, repreendido e condenado — e isso é exatamente o que **não** queremos para nós mesmos.

O castigo, acreditamos, é necessário para corrigir e ensinar, mas, quando imposto a nós mesmos, é o que desperta a vergonha por termos tido nossas falhas expostas e, consequentemente, a sensação de que não somos dignos de receber amor.

Quando era punida por meus pais, como lhe disse, me sentia humilhada, injustiçada, traída e vulnerável. Isso me deixava com tanta, mas com tanta raiva, que, do "alto da minha infância", prometi a mim mesma (claro que inconscientemente) que nunca mais alguém faria com que eu me sentisse daquela forma. Nunca mais eu me sentiria não amada. Eu não sabia, mas era uma promessa impossível de cumprir.

Por isso, já na fase adulta, cada vez que eu falhava, eu mesma me humilhava, injustiçava e me deixava vulnerável. Eu mesma não me amava, o que era a minha autopunição e a minha autovingança. E, seguindo essa lógica, evidentemente eu também punia aos outros diante de suas falhas e fazia com que se sentissem humilhados, injustiçados, vulneráveis e indignos do meu amor. Essa era a minha punição e a minha vingança para com eles.

Eu não percebia quão cruel era distribuir sentenças apenas com base nos meus próprios princípios de certo e errado; eu também não percebia que, no fundo, todas as minhas condenações nasciam da vergonha e da raiva que eu sentia por não ter minhas expectativas atendidas, especialmente as que direcionava a mim mesma. Em suma, eu não percebia o quanto a minha noção de justiça era deturpada.

Por isso, de maneira impulsiva e inconsciente, eu aplicava todos esses castigos físicos e/ou emocionais a mim mesma e aos outros porque, de acordo com a minha cartilha, era assim que se ensinava e que se corrigia alguém ou algo que estava evidentemente errado.

E deixe-me contar uma curiosidade: esse comportamento está longe de ser uma exclusividade minha ou dos meus pais. Nós não o inventamos!

Segundo a ciência, os chimpanzés compartilham de uma noção muito similar e também recorrem à violência física para punir e ensinar os seus. E eles o fazem por uma questão de sobrevivência. Como os chimpanzés são animais que vivem em grupos sociais, se um membro do grupo se comporta de maneira comprometedora ou ameaçadora, o macho alfa se encarrega de corrigi-lo para garantir que ele não coloque em risco toda a comunidade.

Para essa espécie, portanto, trata-se de um modelo primal, genético e inquestionável. Para nós, humanos, a punição também está associada ao instinto de sobrevivência, mas, como nosso cérebro é capaz de formular compreensões muito mais profundas que o dos chimpanzés, tendemos a ir além.

Em primeiro lugar, somos capazes de agredir alguém até a morte, enquanto o chimpanzé alfa age única e exclusivamente com o intuito de machucar para reafirmar algo como "aqui quem manda sou eu e você deve me obedecer" – uma noção que, como tenho dito, muitas vezes também serve de base para o comportamento humano. Em segundo lugar, por não processarem a passagem de tempo como nós, os chimpanzés não conseguem resgatar um acontecimento antigo para reagir a ele no presente; ou seja, embora também sintam raiva, eles não a convertem em mágoa e, portanto, não promovem vinganças.

Veja que interessante: por mais que nós, humanos, também sintamos raiva e ódio de maneira primal, por mais que nosso cérebro tenha desenvolvido essas emoções como um mecanismo de defesa e até um instinto de sobrevivência, somos a única espécie capaz de processá-las e derivá-las em outros comportamentos: porque você fez determinada coisa, eu senti raiva; porque senti raiva, vou puni-lo hoje e continuarei a puni-lo no futuro; e, em última instância, porque tenho muita raiva, sou capaz de feri-lo e, num caso extremo, até de matá-lo.

Só me resta chegar a uma conclusão: estamos desperdiçando a superioridade intelectual e emocional em relação aos nossos primos! Seria muito melhor empregar toda essa inteligência em projetos mais positivos que a vingança ou a agressividade, concorda?

## E quanto aos imperdoáveis?

Bem, é impossível continuar essa conversa sem falarmos, também, sobre aquilo que, segundo o senso comum, só pode ser tratado como absolutamente imperdoável. Afinal, como a minha defesa é de que o perdão é a revolução que falta, inevitavelmente você vai se perguntar: e quanto aos crimes e criminosos, aqueles ruins mesmo, o que devemos fazer em relação a eles?

Veja, não sou especialista no universo carcerário ou penitenciário, mas, no momento em que escrevo este livro, uma verdadeira catástrofe se abate nos presídios brasileiros. Então, sinto necessidade em lhe dizer que realmente acredito que há um caminho possível e necessário de perdão para aqueles que cometeram desde pequenos delitos até verdadeiras atrocidades.

Que melhor exemplo que as tantas famílias judias que foram capazes de perdoar seus algozes nazistas; ou as famílias negras submetidas ao Apartheid, que eventualmente perdoaram o sistema subversivo que lhes foi imposto (bem como os personagens por detrás dele); ou, ainda, pais, mães, avós, maridos, esposas e filhos que foram capazes de perdoar criminosos que destruíram a vida de seus entes queridos.

Histórias assim se multiplicam pelo mundo afora e inadvertidamente nos levam a pensar que, de fato, oferecer perdão é um ato sobre-humano: "Essas pessoas devem ser muito elevadas espiritualmente para não mais desejarem vingança ou justiça por tudo o que lhes aconteceu". Não é isso que dizemos?

Para mim, esse é um grande exemplo de como nossa sociedade tem subvertido a ideia de que castigar é um meio de ensinar. Porque, verdade seja dita, quando se trata de um crime, o nosso maior desejo é de que a vingança e a justiça sejam feitas, o que também se dará por meio de punições, repreensões e condenações aos culpados. No entanto, quase nunca nutrimos esse desejo para que eles aprendam com seus erros e falhas. Queremos apenas e simplesmente que paguem pelo que fizeram e sintam, na pele, a dor que nos causaram.

Nesses termos, portanto, o que é a punição se não apenas uma forma de vingança? E se é assim que nos sentimos diante de crimes e de criminosos, como garantir que, em menor instância, também não estamos aplicando esse conceito no nosso dia a dia, com nós mesmos e com as pessoas que mais amamos? A nossa essência humana é imperfeita e estamos todos sujeitos a erros, lembra?

O que quero lhe mostrar é que nós precisamos urgentemente mudar nossos paradigmas para dissociar punição de vingança; para substituir a noção de que "quem fez precisa pagar" por "quem fez merece aprender".

Essa transformação traria um impacto imensamente positivo não só aos nossos sistemas educacional e penitenciário, como também no modo como temos composto nossas famílias e nossas relações.

Para mim, fica cada dia mais clara a necessidade de encontrar uma nova forma de educar, capaz de assegurar que as crianças de hoje não se tornem as criminosas de amanhã, bem como uma nova forma de reeducar, capaz de assegurar que os criminosos de hoje não repitam seus erros amanhã. A paz que tanto buscamos só se dará pelo fim da vingança e o começo do perdão. E deve partir de nós.

# Ciclo da vingança

## O círculo vicioso da dor, da raiva e da vingança

Outro dia, estava almoçando com um grupo de amigos quando Caio, o filho de um deles, apareceu aos prantos: "Pai, o Pedro me empurrou". Imediatamente, claro, todos os adultos lançaram olhares de reprovação em direção a Pedro, que também começou a chorar. "Pedro, que coisa feia, por que você fez isso?", perguntou a mãe dele. "Porque o Caio me provocou e empurrou primeiro", o menino respondeu enxugando as lágrimas.

Assisti ao embate entre as duas crianças, ainda tão pequenas, e percebi como aquela cena infantil ilustrava perfeitamente um comportamento adulto bastante comum.

A dor de Caio era legítima, afinal, ele havia sido empurrado, estava triste, e por isso chorava; mas nem por um segundo pensou em contar que, antes, ele próprio havia provocado Pedro. Veja, de forma alguma ele teve a intenção de omitir essa informação; apenas se sentiu vitimado e, portanto, na hora de se queixar, apresentou única e exclusivamente a sua versão dos fatos. Pedro, por sua vez, chorou porque se sentiu legitimamente injustiçado; ele "apenas" tinha dado o troco, mas, num primeiro momento, todos o reprovaram sem nem saber o que havia acontecido de fato.

Os dois tinham culpa no cartório, os dois estavam errados, e os dois reagiram da mesma forma: choraram e acusaram um ao outro para validar o fato de que tinham sido vítimas da situação. Queriam que suas dores fossem reconhecidas e, mais que isso, que alguém os acolhesse e dissesse que estava tudo bem. É claro que Caio e Pedro, pequenos como eram, não tinham a menor noção disso.

Mas e quanto a nós, adultos? Quantas vezes nos comportamos dessa mesmíssima maneira? Será que temos consciência do que estamos fazendo?

Bem, essa história aparentemente tão corriqueira tem muito a ver com as demais que lhe contei até aqui — a de Simone, Carlos, Vitor, Giovana e, inclusive, as minhas: a crença inconsciente de que fomos vítimas de determinado acontecimento e/ou de nossa própria história. Assim como aquelas duas crianças, nós também nos sentimos machucados e injustiçados por algo ou alguém, o que certamente validou nossa dor, nossa raiva e nosso choro. Por isso, automaticamente, relatamos e revivemos esses episódios apenas sob nossa perspectiva.

Ou seja, porque não estamos preparados nem fomos treinados para enxergar nada além da nossa própria verdade e nada além da nossa própria razão, tendemos a tratá-las como as únicas possíveis. Isso nos mantém na posição de vítimas: se o outro cometeu determinada ação e me feriu, ele certamente foi meu algoz; e eu certamente fui seu alvo.

Perceba o efeito desse comportamento em sua vida. Ao adotá-lo, atribuímos exclusivamente ao outro a culpa por aquilo que nos aconteceu. Via de regra, é assim que entramos (e permanecemos) inconscientemente no círculo vicioso da dor, da raiva e da vingança. Quando não assumimos ou ignoramos a nossa responsabilidade e participação nos acontecimentos, ficamos presos a uma noção infantil:

1. Alguém me feriu e, por isso, acredito que fui injustiçado; não foi certo o que me fizeram e eu não mereço tanta dor.
2. A dor me leva à raiva: como ele pôde fazer isso comigo? Essa pessoa precisa pagar pelo meu sofrimento para que eu tenha certeza de que nunca mais me fará sentir dessa forma.
3. A punição que ela merece se transforma inconscientemente no meu projeto pessoal de vingança: estou comprometido em devolver a ela toda a mágoa que me causou e fazer com que aprenda a lição.
4. Sem que eu perceba, meu projeto de vingança me leva de volta à dor. Na verdade, acredito profundamente que tudo isso que estou sentindo de negativo ou ruim é ainda reflexo do que o outro me fez; mas se o que o outro me fez ficou no passado, então, sou eu mesmo que ressinto o que houve e que resgato essas emoções tão sofridas no meu momento presente. No entanto, como não percebo isso conscientemente, cada vez que me lembro do que houve, concluo: alguém me feriu e não mereço essa dor.

Quando falo sobre esse círculo, muita gente não consegue se identificar com essas etapas num primeiro momento. Afinal, como lhe disse, pode ser realmente difícil se reconhecer e se assumir como vingativo.

Contudo, sem essa noção, sem essa autoconsciência, não teremos a capacidade de perceber que, na realidade, a dor é nossa. Apenas nossa. Por mais que a atitude de alguém a tenha causado inicialmente, somos nós que fazemos com que ela perdure, ecoe e continue a doer, não importa quanto tempo se passe.

E nós não fazemos isso apenas em relação aos outros, mas também com relação a nós mesmos. Quando nos sentimos culpados por nossos próprios comportamentos, tendemos a entrar no mesmíssimo círculo:

1. Eu me feri e fui injusta comigo; isso não foi certo e não mereço tanta dor.
2. A dor me leva à raiva: como pude fazer isso comigo? Como permiti que isso acontecesse? Eu preciso pagar pelo mal que eu mesmo me causei.
3. A punição se transforma no meu projeto pessoal e inconsciente de autovingança: estou comprometido em me castigar porque só assim vou aprender minha lição.
4. Sem que eu perceba, meu projeto de autovingança me leva de volta à dor: eu passo a ressentir o mal que me fiz e continuo a me ferir, mesmo julgando que não mereço tanto sofrimento.

O mais irônico nesse processo todo é que, no nosso imaginário infantil, há uma ideia de que a revanche (sobre o outro ou sobre nós mesmos) nos devolverá tudo o que nos foi tirado! Isto é, a partir do momento em que alguém paga pelo que fez, temos certeza de que recuperaremos nossa autoestima, nosso amor-próprio e nosso poder pessoal. Afinal, aquela injustiça nos feriu, porém, mais que isso, mostrou quanto somos mesmo inferiores e piores, portanto, a única maneira de reverter esse quadro é se meu algoz sofrer dor similar e se sentir como eu, inferior e pior. Dessa forma, poderei, finalmente, seguir em frente.

Será que isso dá certo?

## Como você, só existe você

Seja relacionado ao outro ou a nós mesmos, o círculo vicioso da vingança tende a nos levar a um mesmo resultado. É como se, a partir do momento em que nele entrássemos e permanecêssemos, estivéssemos nos condicionando a "prisioneiros" ou "reféns" do passado.

Sim, porque, como disse, mesmo que inconsciente, trata-se de uma escolha nossa. O que aconteceu já ficou para trás e, infelizmente (ou felizmente), não temos mais como modificar aquele episódio; porém, se resgatamos a dor de volta para o presente, isso se deu e se dá porque assim fizemos, quisemos e permitimos.

Esse entendimento é muito importante para que você possa seguir em frente na prática do perdão.

Pouco adianta apontar o dedo para aqueles que considera seus algozes e dizer "A culpa foi e ainda é sua"; ou, ao contrário, repetir para si mesmo: "Eu permiti que isso me acontecesse, então, a culpa é minha". Enquanto você procurar culpados, estará, também, se isentando da própria responsabilidade.

Por exemplo, eu já lhe contei a respeito do meu autoritarismo e que, por muitos e muitos anos, um dos meus padrões de comportamento mais prevalentes era me colocar como a dona da verdade. Esse traço de comportamento, que aprendi com meus pais e que repeti por grande parte da vida adulta, só começou a perder força quando me tornei consciente e responsável por ele e pela forma como me afetava.

Entretanto, veja que interessante: para mim, até então, era muito claro que a culpa era sempre do outro! Cada vez que me sentia afrontada, confrontada ou desacreditada por alguém, reagia de forma impulsiva e era explosiva, arrogante e agressiva com as pessoas que tinham me causado aquilo. Mas, claro, em seguida, me sentia culpada e remoía minha própria culpa — "Eu não devia ter feito isso, sou mesmo um ser humano muito ruim!".

Tanto remorso me levava à autopunição e, então, eu entrava nos meus vícios, como comer compulsivamente. Então, é claro, se o outro tinha me feito sentir e reagir daquela forma, eu precisava criticá-lo, julgá-lo e condená-lo. E, mais uma vez, eu estava absolutamente convicta de que tinha razão, ou seja, era a dona da verdade. E, pronto, voltava mais uma vez ao meu próprio círculo vicioso!

O que quero dizer com isso é que a única maneira de sairmos da posição de vítima é assumindo o nosso protagonismo, o nosso poder de decisão diante de toda e qualquer situação.

Ora, precisei perceber que, se havia me sentido confrontada, necessariamente não precisava reagir de maneira impulsiva. Eu podia deixar para lá. Ou podia apenas dizer ao outro quanto aquele comportamento me magoava. E, também, podia aceitar que o outro só havia me confrontado porque, antes, eu o havia criticado (frequentemente esse era o caso).

Repare como tudo isso também tem a ver com aquilo que aguardamos dos outros e de nós mesmos. A sua expectativa, assim como a minha, está descrita na nossa cartilha infantil. Espero, de mim e do outro, uma atitude correta, mas não qualquer atitude correta: especificamente aquela que aprendi e na qual acredito. Portanto, é baseada nos meus próprios paradigmas que eu digo "Isso está errado e é uma injustiça", ou seja, é a partir do meu conjunto de crenças pessoais que entro no meu círculo vicioso de vingança.

Mas e se eu puder reconhecer que o outro não tem, para si, a mesma noção de correto que eu? E se eu perceber que esperei dele o comportamento que eu teria — e que isso tem tudo a ver comigo e não com ele? E se, por fim, eu for capaz de compreender que não tenho como controlar, avaliar ou deduzir como ele vai agir ou reagir ou o que ele vai sentir?

Não sei se você conseguiu entender aonde quero chegar. Para assimilar melhor, talvez fique mais fácil se eu lhe fizer algumas perguntas. Mas preciso que seja honesto em suas respostas, certo? Vamos lá, pense comigo (e se quiser recorra a seu caderninho):

*Quantas vezes você já falhou com alguém ao longo da vida?*

*Quantas dessas falhas magoaram e causaram muita dor no outro e também em você?*

*Alguma dessas falhas você realmente não perdoa?*

Bem, não sei ao certo quais foram suas memórias, mas posso apostar que em meio a elas você se sentiu envergonhado, triste, aflito, ansioso ou culpado novamente. Talvez também tenha rapidamente se justificado: "Fiz isso, mas tinha um motivo"; "Não vi outra maneira de agir"; "Fiz para o bem dele(a)"; "Não fiz por mal".

Perceba, no entanto, que, por piores que tenham sido os resultados das suas ações, você fez apenas o que podia fazer. Tenho certeza de que agiu da melhor maneira que podia e sabia disso. Mesmo que tenha magoado intencionalmente, mesmo que tenha feito sem querer, mesmo que acredite que não havia outra forma de agir, tudo isso é, sim, o que você tinha de melhor para oferecer naquele momento e naquela situação! E não há mais como voltar no tempo para "corrigir" seu comportamento; só é possível aprender com ele e perceber que hoje, ciente do que aprendeu, talvez fizesse diferente.

Assim como você, o outro também só fez o que podia fazer (por pior e mais descabido que isso possa lhe parecer). Se ele lhe feriu, magoou, atingiu, difamou ou qualquer coisa do tipo, intencionalmente ou não, saiba que aquele também era o melhor que tinha a oferecer (eu sei que parece difícil, mas vou voltar a esse assunto quando falarmos sobre o círculo virtuoso do perdão).

Estou lhe propondo essa reflexão sobre o outro e sobre si porque, na realidade, o que eu quero é que consiga se ver a partir de outro ponto de vista. Que tenha a clara noção de que não há mais ninguém no mundo como você. Assim, a sua cartilha é única e mais ninguém, além de você, dará conta de segui-la ou modificá-la como e quando quiser.

Isso é responsabilidade por si mesmo: a capacidade de compreender que seus caminhos, vontades, escolhas e decisões são seus. Apenas seus. E isso inclui a maneira como lidará com sua dor e sua mágoa. E se esse fato se aplica a você, também se aplica ao outro: você não tem controle sobre a cartilha dele.

Em suma, a autorresponsabilização é um dos passos mais importantes para que consiga perdoar, porque, a partir dela, em vez de remoer a culpa e procurar algozes ("ele me magoou"), você reconhecerá suas próprias emoções ("eu estou magoado"). E poderá, então, escolher a maneira como quer lidar com isso em vez de entrar automaticamente no círculo vicioso da vingança.

## Perdoar é uma questão de inteligência

Como eu lhe contei, precisei de bons anos para entender por que perdoar era uma escolha inteligente. Até que isso me parecesse óbvio e se tornasse natural, minha vida era cercada por tantos não perdões, que eu vivia uma espécie de fechamento mental. A verdade é que eu estava tão, mas tão focada nas minhas próprias dores, que não conseguia nem sequer enxergar que empregava toda a minha energia nesse círculo vicioso (que dirá a possibilidade de sair dele!).

Não houve um momento em específico em que me dei conta de tudo isso. Na verdade, passei por uma série de pequenos acontecimentos que me levaram a uma autopercepção muito reveladora. Ao meu redor, tudo parecia fluir normalmente, mas eu andava triste, desmotivada, depressiva, ansiosa, com a autoestima lá embaixo e não tinha a menor ideia do porquê! Eu acumulava tanta mágoa e tanta raiva que, com o passar dos anos, já não conseguia mais me reconhecer; aquela pessoa no espelho definitivamente não se parecia nada comigo e, claro, alguém tinha que pagar por isso.

Se eu te contasse, você não acreditaria nas vinganças e autovinganças que executei nessa época! Contudo, tinha um "problema" crucial: nada disso adiantava. Por mais que eu punisse alguém ou a mim mesma, nada era suficiente para me fazer sentir melhor a meu próprio respeito. E, como nunca era suficiente, eu encontrava maneiras ainda piores de castigar — o que também me deixava ainda mais para baixo.

E sabe de uma coisa? Foi muito difícil perceber como tudo isso estava ligado à maneira como me sentia. Eu realmente não achava que existisse qualquer relação entre uma coisa e outra! Entre o meu remorso constante e a minha depressão ou ansiedade.

Esse processo já estava insustentável quando comecei a me perguntar: até quando ou quanto eu preciso punir a mim mesma e ao outro? Porque, mesmo quando eu fazia alguém sofrer muito, mesmo quando dava o troco na mesmíssima moeda (ou era ainda mais cruel do que meu algoz), mesmo quando achava que tinha saído por cima, na realidade, nada disso me fazia sentir melhor. Não de verdade. Não essencialmente. Não no fundo da minha alma. A revanche, no final das contas, não diminuía nem eliminava a minha dor; pelo contrário, às vezes até me fazia sentir pior.

Mas, então, duas perguntas bastaram para que eu começasse minha transformação. A primeira foi: há algo que eu possa fazer para que o outro nunca mais cometa o mesmo erro? A segunda: existe alguma maneira de eu nunca mais sentir essa dor?

Bem, já falamos sobre a autorresponsabilização e que ela também implica que eu compreenda, profundamente, que o outro foge por completo ao meu controle. Então, realmente, não tenho como inferir se aquela pessoa que me magoou vai reconhecer a própria falha, vai se redimir ou vai mudar.

Aliás, esse é um erro que muita gente comete quando o assunto é o perdão porque nosso aprendizado foi de olhar para o outro e esperar que ele resolva, que mude, que pare de errar conosco — não costumamos pensar sobre nós mesmos na situação. Em como mudar a nós mesmos e nossas posturas.

Por causa disso, as pessoas passam a vida remoendo acontecimentos e acreditam que isso só vai acabar quando, enfim, receberem um pedido de perdão: "Um dia, ele(a) vai reconhecer o que fez; e, nesse dia, eu vou poder falar tudo o que está engasgado". Não é isso que fazemos?

Claro que é muito mais fácil perdoar quando aquele que nos machucou assume seu erro, mas, na realidade, nem sempre isso acontece (aliás, não sei na sua vida, mas na minha isso é bem incomum). Se não acontecer, bem, voltamos à autorresponsabilização: se o outro vai seguir em frente apesar do que nos fez, por que não fazer o mesmo?

Isso responde à minha segunda pergunta. A única forma de nunca mais sentir essa dor é a partir do perdão, a partir do momento em que aquela experiência ruim continuar a existir na minha memória, mas não mais de modo que possa me magoar. Sim, porque o perdão necessariamente não me fará esquecer o que passou (não! O perdão não é Alzheimer!); apenas me permitirá relembrar aquela história sem ressenti-la, ou seja, sem senti-la novamente.

Foi isso o que me aconteceu, por exemplo, na história com Hilda, a diretora da ONG em que fui voluntária. Quando, lá atrás, comecei a perdoá-la, minha rotina na entidade mudou por completo. Eu ainda me lembrava de tudo o que ela tinha me feito, mas aqueles episódios não me doíam mais. Isso me fez sair do meu fechamento mental para que pudesse enxergá-la a partir de outro ponto de vista e perceber que, assim como eu, ela só queria o melhor para aquelas crianças. E aí, em vez de me aborrecer ou de me chatear com suas ações, eu escolhia deixar para lá. E sabe de uma coisa? Depois disso, eu nunca mais me senti inferior em relação a ela e, portanto, nunca mais me senti vítima ou infeliz ou insatisfeita ou culpada. Finalmente, tudo estava em paz.

Ouvir o meu fechamento deve deixá-lo curioso. Então, quero lhe contar que, com os demais personagens deste livro, não foi diferente. A partir do momento em que eles constataram o círculo vicioso de vingança ao qual estavam presos, puderam rever e modificar suas escolhas.

Simone compreendeu como e por que boicotava seus relacionamentos; trazia, da sua casa de infância, a crença de que não era boa o suficiente (e jamais seria). Com autoconsciência e perdão, parou de cobrar a si mesma por perfeição e conquistou amor-próprio. Estava pronta, enfim, para dissociar amor ou paixão de sofrimento.

Carlos tomou uma decisão que mudou sua vida: continuou na multinacional e decidiu trabalhar em setores e com tarefas que não dominava. Viu, naquela negociação, uma oportunidade para aprender e, quando seu contrato se encerrou, fundou de fato uma nova empresa, mas com atuação muito mais específica e diferenciada em relação à que havia vendido. No final das contas, tornou-se pioneiro em um novo segmento.

Vitor e Giovana enxergaram claramente quanto as histórias de infância impactavam negativamente a vida que levavam como adultos. Aos poucos, ambos perdoaram aos pais e a si mesmos e substituíram o desânimo, a apatia, a depressão, a falta de motivação, a baixa autoestima, a ansiedade e o medo de errar por amor-próprio e compaixão. Aceitaram suas falhas e imperfeições, mas, mais que isso, souberam reconhecer as características positivas que os tornavam seres únicos.

A partir do próximo capítulo, vou lhe ensinar as ferramentas de que vai precisar para também revolucionar a sua vida a partir do perdão.

No entanto, antes de começar, quero lhe dizer algo bastante importante: não se engane, o perdão é uma ação que requer prática constante (sim, constante! Eu preciso praticá-lo todos os dias também). Nem eu, nem você, nem nenhum dos personagens que citei acordou ou acordará num belo dia e dirá: "Agora perdoei". Trata-se de um caminho, uma escolha que só você pode tomar para se libertar do passado e construir um presente e um futuro plenos de amor e compaixão.

É, portanto, a decisão que lhe falta tomar para gerar novas decisões e comportamentos, conquistar bem-estar e criar, para si, oportunidades contínuas de aprender a partir de novos pontos de vista.

# Como reverter o ciclo?

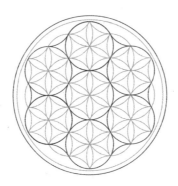

## O círculo virtuoso do perdão

Uma das frases que mais costumo ouvir quando converso com as pessoas sobre os benefícios do perdão é: "Eu quero perdoar, mas não consigo". Muitas delas até me dizem que se sentem capazes de oferecer perdão, mas que *aquela situação em específico simplesmente não dá para perdoar.*

E eu sempre pergunto: por quê?

*"Porque ele(a) não merece."*
*"Porque ele(a) vai me magoar de novo."*
*"Porque foi muito grave o que ele(a) me fez."*
*"Porque ele(a) não vai ter esse gostinho."*

O que sempre me chama atenção é que, na maior parte das vezes, as pessoas falam sobre o outro. Muito raramente alguém se explica a partir de si: "Porque **eu** acho que isso vai me fazer mal", "Porque **eu** sinto que não estou pronto" ou "Porque **eu** realmente não dou conta agora".

Isso tem muito a ver com a falta de autorresponsabilização, como contei no capítulo anterior. E responsabilizar-se por si mesmo requer consciência. Eu preciso saber de mim, preciso compreender quem sou e por que sou, rever a minha história e reler a minha cartilha infantil para que consiga assumir as rédeas da minha própria vida. Até porque esse é o único caminho para identificar exatamente o que eu mesma não perdoo em mim e no outro.

Essa é uma das grandes confusões que se costuma fazer sobre o perdão. Muita gente tenta e busca perdoar ao outro como se se tratasse de um movimento de fora para dentro quando, na realidade, é o inverso. Primeiro eu preciso me perdoar para que só depois consiga fazer o mesmo em relação a alguém, ou seja, não existe perdão externo se não houver o interno. É isso mesmo. Primeiro o perdão precisa estar dentro de você! É por isso que parece tão difícil perdoar ao outro em determinadas situações.

Por exemplo, se a minha dor é porque me senti ofendida, dificilmente darei conta de perdoar aquele que me ofendeu sem me enxergar em primeiro lugar. Para isso, precisarei voltar os olhos para mim e responder, com toda a minha honestidade, por que aquele acontecimento me doeu tanto. O que ele revela sobre mim? Em qual ferida tocou? De onde vem isso, digo, quando e como foi que aprendi a reagir assim àquela ofensa?

Ao encontrar essas respostas, poderei me compreender a partir de um novo ponto de vista e, consequentemente, perdoar a mim mesma por ter me sentido dessa forma. Por ter me colocado naquela situação e por ter reagido instintivamente com base no meu aprendizado infantil — e, inclusive, por ter voltado ao círculo vicioso da vingança, já que isso me mantém aprisionada à dor.

    Só depois terei condições de olhar para o outro e entender que, em primeiro lugar, aquela ofensa foi circunstancial, ou seja, aconteceu em determinada situação e contexto e de forma pontual (resumindo, aquela pessoa pode até ter esse comportamento frequentemente, mas ela não se resume a isso, não é só isso o que ela faz). Em segundo lugar, por pior ou mais grave que tenha sido, aquilo tudo me afetou porque eu mesma acredito que se trata da minha vulnerabilidade e, portanto, que meu pior foi exposto.

    Isso me faz lembrar de uma colega com quem trabalhei por alguns anos. Ela era extremamente inteligente e não suportava ser tratada como ignorante. Veja, todos os que estavam ao seu redor reconheciam e validavam sua inteligência (que, de fato, era assombrosa), mas aquilo era dela: se, por exemplo, a explicação de alguém lhe parecesse mais detalhada que o necessário, ela se irritava profundamente.

    Hoje, relembrando-me daquela moça, fico me perguntando: por que isso lhe doía tanto? Qual será o esforço que ela fazia para que fosse vista única e exclusivamente como uma pessoa inteligente em qualquer situação? Que aspecto a seu próprio respeito ela temia tanto que viesse à tona caso não fosse inteligente?

    Bem, nós não temos mais contato hoje, mas suponho que sua grande dor de infância era sentir-se incapaz, insuficiente e, provavelmente, inferior. Por isso, na fase adulta, comportava-se de forma a nunca mais experimentar tais sensações, e é exatamente isso o que todos nós fazemos quando não estamos conscientes a nosso próprio respeito.

A dor da infância permanece incutida em nossa vida e, para nunca mais ressenti-la, agimos de determinada maneira. A grande questão é que esse comportamento, qualquer que seja, frequentemente nos traz resultados negativos porque nos leva a sentir exatamente da maneira como não queríamos.

Por isso é que eu reitero tanto a importância de se olhar e se conhecer. Com a autoconsciência, você enxerga a sua dor e decide se quer reagir a ela como sempre reagiu ou se há outra maneira, mais positiva, de lidar com o que sentiu.

## É isso o que sempre me acontece

Se, por um lado, só é possível praticar o perdão de dentro para fora, por outro lado, é muito mais fácil enxergar os nossos próprios não perdões na relação com o outro. Afinal, nós, humanos, somos seres relacionais e gregários, o que significa que muitos de nós só validamos a nossa existência (ou só existimos) a partir dos nossos relacionamentos.

Como lhe contei antes, a nossa visão do outro diz muito a nosso próprio respeito, mesmo que se trate de uma forma de julgamento ou de preconceito. Por isso, quando ainda não estamos efetivamente autoconscientes, uma das melhores maneiras de começar a identificar nossos padrões de comportamento negativos (inclusive a forma como lidamos com a dor e a mágoa) é observar a maneira como nos comportamos dentro das relações.

Não à toa, costumo dizer que as pessoas ao nosso redor nos servem como "placas de sinalização". Sinais de trânsito mesmo! Se estivermos atentos e abertos para ouvir o que elas dizem e mostram a nosso respeito, encontraremos indícios importantes sobre quem somos e sobre como estamos nos movendo e agindo no mundo.

Por exemplo, em algum momento, você já se perguntou por que determinada situação sempre se repete na sua vida? Você já sentiu que, não importa o que faça, os outros sempre vão frustrá-lo, magoá-lo, deixá-lo na mão ou decepcioná-lo? Ou ao contrário: não importa quanto se esforce, no final das contas, todos sempre se sentirão magoados por seus gestos?

Se a resposta é sim para qualquer uma dessas perguntas, você chegou a essas conclusões com base nas suas relações. Ou seja, depois de avaliá-las, se deu conta de que há algo em comum entre elas. No entanto, se isso se repetiu com pessoas e em situações diversas, a única constante pode ser... Você. É com você que isso **sempre** ou **nunca** acontece, portanto, o que será que você tem feito constante e repetidamente para obter sempre os mesmos resultados?

Aqui, é importante que eu lhe diga que nosso cérebro tende a generalizar e chegar a conclusões, quando, na realidade, tudo é circunstancial. Talvez você falhe com frequência diante de um mesmo desafio ou obstáculo, mas não é verdade que **sempre** falha ou **nunca** acerta. Ao generalizar, você repete para si mesmo que nem adianta fazer diferente, afinal, os resultados sempre serão frustrantes — o que, eventualmente, virará realidade.

O que eu quero mesmo que você perceba é que a repetição não se dá por acaso.

Se eu, inconscientemente, permaneço comprometida com a ideia de ser sempre a dona da verdade, vou encontrar pelo meu caminho pessoas que enganchem com esse meu "jeitão". Elas podem ser extremamente submissas ou autoritárias, mas não importa: de um jeito ou de outro, terão potencial para despertar em mim toda aquela série de comportamentos que compõem meu círculo vicioso de vingança. E aí, é claro, com base nessas relações, vou concluir que: "É isso o que **sempre** me acontece".

Essa é minha construção interna e meu aprendizado infantil.

Como meu desejo (na infância e na vida adulta) é o de não me sentir vulnerável, as minhas relações giram em torno desse ideal. E enquanto eu não puder parar por um instante para perceber que essa busca só me traz resultados negativos, vou continuar a vivê-la e a experimentar a frustração, mesmo porque essa é a única maneira que conheço de validar minha existência. Na relação com o outro.

## O que eles lhe fizeram?

Quando comecei a perceber que me via constantemente diante das mesmas situações, parei para me perguntar: *o que essas pessoas fazem ou fizeram que tanto me incomoda? Quais são seus comportamentos inaceitáveis, que despertam em mim uma raiva cega?*

Olha, para ser sincera, em alguns casos, a resposta era: tudo!

Qualquer coisa que aquela pessoa (específica) fizesse, desde piscar até falar, me parecia insuportável. Mesmo quando eu percebia que ela se esforçava para se aproximar; mesmo quando eu reconhecia que, na realidade, ela não fazia por mal; e até mesmo quando eu ficava com dó: "Coitada! Ela só me fez uma pergunta e eu respondi de maneira ríspida".

A essa altura, porém, eu já sabia que aquele era o caminho para compreender melhor a mim mesma, então insisti. Peguei um caderno e uma caneta, e fiz uma lista:

*Quem são as pessoas que mais me incomodam e que mais me fazem sentir irritada ou com raiva?*
*Em que situação ou contexto elas agem ou agiram desse jeito?*
*O que exatamente elas fazem para que eu me sinta dessa forma?*

Se você puder e quiser, sugiro que repita meu exercício. No seu computador ou naquele caderninho de reflexões, risque três colunas e comece a preencher com suas respostas. Seja o mais específico que puder e inicialmente selecione apenas as três pessoas que, para você, são mais difíceis de perdoar. Então, comece:

**"Quem são as pessoas que mais me incomodam?"**
**Para mim, naquele momento, eram meu pai, minha mãe e Hilda.**

**"Em que situação ou contexto elas agem ou agiram desse jeito?"**
**Eles costumam me frustrar com suas reações sempre que estou empolgada com algum novo projeto.**

*"O que exatamente elas fazem para que eu me sinta dessa forma?"*

**Meu pai costuma rir de todos os meus sonhos. Sempre que eu lhe conto algo no auge da minha empolgação, levo logo um balde de água fria. Minha mãe, por sua vez, nem sequer dá atenção aos meus planos e, se reage, é com desprezo. Hilda, por incrível que pareça, se comporta de maneira muito parecida com os dois — ora é um balde de água fria, ora é desprezo.**

Agora, veja: necessariamente, eu não havia compartilhado o mesmo plano com meu pai, minha mãe e Hilda, nem demonstrado o mesmo nível de empolgação, mas aquelas três circunstâncias específicas eram muito similares. Eu estava feliz e pronta para começar um novo projeto, mas, na hora em que lhes dava a notícia, recebia sarcasmo, desprezo, ironia e descrença como resposta. E esse comportamento era algo que eu abominava, odiava profundamente!

Foi ali que comecei a me perguntar: oras, por que preciso e espero tanto que eles se empolguem comigo? Que eles torçam por mim, que demonstrem que estão ao meu lado ou que pelo menos me desejem boa sorte? Aliás, mais do que simplesmente me questionar, eu também constatei: que azar o meu, só tenho em meu entorno pessoas que não dão conta de me apoiar em meus sonhos e projetos!

Por mais contrariada que eu estivesse com todas aquelas informações, eu, enfim, havia começado a me enxergar a partir da relação com o outro. Eu não sei quais foram suas respostas para esse exercício, mas tenho certeza de que vai lhe acontecer algo semelhante. Dê uma olhadinha no que anotou e me conte:

*Há algum comportamento em comum entre essas três pessoas das quais se lembrou?*
*Em algum nível, elas fazem com que você se sinta de uma maneira parecida?*
*O que é que elas lhe fazem sentir?*

Talvez, neste primeiro momento, você não consiga encontrar uma resposta clara, e está tudo bem. Eu também precisei de algum tempo para perceber que tanto meu pai, minha mãe e Hilda faziam com que eu me sentisse invalidada quando se comportavam daquela maneira.

Era como se eu não tivesse e nunca fosse ter capacidade ou competência suficiente para realizar meus planos, o que me irritava muito! Na verdade, para ser sincera, aquilo me doía profundamente e, claro, tudo o que eu queria é que eles parassem de me tratar daquela forma. Acontece que... Acontece... Bem, na verdade, levei um tempão para me dar conta de que era eu mesma que me tratava daquela forma.

Por mais difícil que fosse admitir, no fundo, eu era a pessoa que acreditava não ter competência ou capacidade suficiente para dar conta dos meus sonhos.

Aquela era minha placa de sinalização: através da minha relação com três pessoas distintas, em três situações diferentes, eu pude enfim perceber o que eu mesma fazia comigo (embora ainda estivesse certa de que eram eles os culpados!).

Muitos anos se passaram desde essa autodescoberta, mas, até hoje, eu não posso lhe dizer com certeza se meus pais ou Hilda realmente achavam que eu não daria conta dos meus projetos ou se me invalidavam intencionalmente. Na verdade, só depois percebi que se tratava do meu próprio padrão de comportamento. E finalmente parei de acusá-los por me causarem aquela dor.

Agora estava claro. Até ali, eu estava me sabotando e culpando os outros sempre que meus planos não davam certo. E se eu era, então, a única pessoa responsável por duvidar do meu potencial e por achar que eu não era boa o suficiente, eu também era a única pessoa que podia superar isso.

Como eu fiz para acabar com essa crença (infantil, vale sempre lembrar) que me movia pela vida?

Eu lhe ensino daqui a pouquinho, mas, por enquanto, preciso saber: o que sua placa de sinalização revelou a seu respeito? É possível que sua irritação e seu não perdão, assim como os meus, também tenham mais a ver com você do que com o outro?

E, principalmente: o que esse padrão de comportamento, esse mesmo que acabou de encontrar, tem feito na sua vida?

# Este é o seu pior

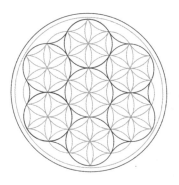

## A vingança só acaba quando o perdão começa

Quero lhe contar uma coisa, mas acho que você não vai gostar de ouvir. Então, por favor, abra seu coração e sua mente para essa informação, certo?

Lá vai: nós dois, eu e você, somos as pessoas mais cruéis de nossa vida e de nossa história.

É verdade que nossos pais foram falhos, que alguns de nossos melhores amigos nos causaram mágoas horríveis, que nossos parceiros nos deixaram na mão na hora em que mais precisávamos e que nossos filhos não nos deram o devido valor. Ainda assim, nenhuma dessas crueldades foi ou será maior do que aquelas que você e eu já cometemos contra nós mesmos.

E, para ser ainda mais honesta, o tema central deste livro é este, até porque não posso lhe mostrar o caminho para o perdão sem que, antes, você tenha conseguido enxergar claramente o que seus comportamentos inconscientes têm lhe causado. Não quero parecer dura, mas agora chegamos a um momento decisivo e preciso saber: você está pronto para reconhecer as suas dores? Para assumir a responsabilidade por elas? E para, enfim, se libertar de tanta vingança?

Se sim, mais uma vez, você não imagina quanto fico grata por sua decisão!

Por experiência própria, eu sei que não é fácil se olhar dessa maneira. No entanto, sei quanto é maravilhoso ter a chance de transformar a si mesmo a partir do autoconhecimento. E, como já disse, conhecer a nós mesmos significa rever a nossa história, os nossos padrões e, enfim, a nossa maneira de lidar com os acontecimentos.

No capítulo anterior, eu lhe contei como um exercício aparentemente simples me fez enxergar a minha autoinvalidação e compreender como eu costumava atribuí-la e projetá-la nos outros. Sim, eu a trazia da infância como uma dor inconsciente, mas muito latente. E, sem me dar conta, eu vivia me colocando em situações nas quais a ressentia. De novo e de novo.

Por isso, na verdade, eu não vivia a invalidação só com meu pai, minha mãe ou Hilda; eu a vivia em muitas das minhas relações. Só quando entendi quanto me magoava ser desacreditada, comecei a perceber que eu me sentia assim quase o tempo todo e nas mais variadas situações.

A grande questão é que, bem, se aquilo me acontecia "sempre" (porque, claro, eu também generalizava) e com as mais diversas pessoas, a única constante nessa história era EU! Mas por qual motivo eu mesma me invalidaria e, ainda por cima, me colocaria constantemente em circunstâncias nas quais me sentia invalidada? Se aquilo me fazia tão mal, por que eu repetia tanto aquele padrão?

A primeira resposta é óbvia: em primeiro lugar, eu não me dava conta de nada disso, apenas continuava a reproduzir o comportamento que conhecia desde criança.

Em segundo lugar, como eu não reconhecia e não perdoava a minha dor de infância, na fase adulta, tudo o que eu vivia provocava essas dores.

Então, se meus pais me invalidavam quando pequena, se faziam com que eu me sentisse fraca e injustiçada (principalmente quando me batiam), eu cresci desejando inconscientemente nunca mais passar por isso e nunca mais me encontrar tão vulnerável. Então, criei maneiras de me proteger, de esconder a minha vulnerabilidade e de garantir que ninguém mais me machucasse quando adulta.

E é aí que está o grande problema: não eram exatamente os outros que me machucavam (para ser sincera, muitas vezes, eu ficava magoada mesmo que eles não tivessem feito nada); na verdade, como a fragilidade era minha, ela estava exposta o tempo todo e, portanto, eu a sentia e a vivia o tempo todo.

E foi tão difícil perceber que aquilo fazia parte de mim, que, naturalmente, eu acusava e punia o outro por ter me injustiçado e me feito sentir fraca.

Você consegue perceber, então, que o perdão era minha única solução possível? Sim, porque eu só teria a chance de transformar esse padrão de comportamento quando saísse da minha ignorância e reconhecesse o círculo vicioso de vingança que praticava contra mim sempre que eu mesma me invalidava. E, como você já sabe, a vingança só acaba quando o perdão começa.

Eu lhe contei tudo isso porque, agora, com base no exercício que você fez no capítulo anterior, vamos começar a identificar as suas dores. Então, a primeira pergunta que eu tenho para lhe fazer é (pode usar o caderninho se quiser): *quando se sente da maneira que identificou, o que você faz a respeito?*

Por exemplo, lembre-se das três pessoas que, para você, são imperdoáveis. O que elas lhe fizeram? Ignoraram seus sentimentos? Foram hostis diante das suas falhas? Menosprezaram suas vontades? Seja qual for o gesto, me conte: o que é que você fez ou costuma fazer diante disso?

Você devolve na mesma moeda?

Sofre em silêncio?

Grita?

Chora?

Reclama para alguma outra pessoa (diferente daquela que a feriu)?

Tenta se impor a partir do diálogo? Ou da força física?

Qual é a sua reação mais instintiva à dor que lhe causaram e ainda causam?

Certo, pense um pouquinho e, se quiser, anote suas respostas.

Agora, vamos à segunda pergunta: *na sua relação com você mesmo ou com o outro, esse comportamento também lhe é familiar?*

Por exemplo: você também costuma ignorar os sentimentos, ser hostil diante de falhas ou menosprezar as vontades, suas e de outras pessoas? Ou, ao contrário, tende a ser bastante sensível aos sentimentos, às falhas e vontades, as suas e as alheias? (Lembre-se de que se comportar de maneira oposta ou inversa também é uma repetição de seu aprendizado infantil).

E, por falar nisso, última pergunta: *de que maneira essa dor, essa especificamente que surge com as três pessoas que lhe são imperdoáveis, está descrita na sua cartilha infantil?*

Você acredita que seus pais ignoravam os seus sentimentos? E os deles próprios?

De acordo com sua lembrança, eles eram muito ríspidos diante das suas falhas ou dos erros que eles mesmos cometiam?

Ou, ainda, não davam a menor bola para as suas e/ou as próprias vontades?

Bem, como lhe disse, esses são apenas alguns exemplos possíveis, mas a ideia é que você se questione quanto à dor que identificou anteriormente e perceba de que maneira ela se manifesta e interfere na sua vida. A minha intenção é que possa se dar conta do quanto as injustiças e fraquezas que sentiu quando criança continuam aí dentro, escondidas, protegidas, mas sempre presentes na sua história.

E, veja: assim como eu acreditava desde pequena que não era boa o suficiente, você também carrega crenças negativas a seu respeito. Até aqui, essas crenças estavam inconscientes, ou seja, mesmo sem saber, no fundo, você achava que merecia ser hostilizado, invalidado, ignorado ou até mesmo abusado.

Foi assim que você se sentiu quando criança e é assim que continua a se sentir hoje. A diferença é que, lá atrás, a responsabilidade era do outro, muito provavelmente dos seus pais e familiares. Eram eles que faziam com que você experimentasse tamanha vulnerabilidade (perceba que eles podem não ter feito por mal, mas foi assim que você se sentiu); mas, agora que tudo isso ficou no passado, é você quem continua a se ver e a se colocar no mesmíssimo lugar.

E sabe o que é pior? Quando alguém toca na sua ferida, automaticamente, você recorre a uma série de comportamentos vingativos só para se defender (foi por isso que lhe perguntei como costuma reagir diante da dor...). Ou seja, porque se sentiu atacado por alguém, você responde com agressividade, estupidez, raiva, manipulação ou qualquer outra conduta que, na realidade, corresponde ao seu pior lado, à sua crueldade.

No exato instante em que isso acontece, você deixa de ser a vítima da situação para assumir o papel de algoz daquele que lhe feriu. E, por favor, acredite em mim: da mesma forma que você não fez e não faz por mal, raramente o outro lhe magoa de propósito e, portanto, não consegue nem perceber que você só está dando o troco.

Viu como fica difícil manter relacionamentos saudáveis na nossa inconsciência?! Se uma pessoa nos machuca sem se dar conta e se, como ela, nós também respondemos no piloto automático, é muito provável que essa relação se torne um ciclo ininterrupto de vingança, em que ora somos magoados, ora somos os que magoam!

Então, volto para o início: de fato, as pessoas podem até ter sido cruéis em circunstâncias específicas, mas quão cruéis somos nós mesmos por repetirmos à exaustão esse padrão em nossa própria vida? Acho que agora você entende – e concorda – por que, em algum nível, temos sido ainda piores conosco do que eles próprios foram, não é mesmo?

## De novo essa história?

Seja qual for a sua dor, é bem provável que ela tenha lhe acompanhado por toda a sua vida, mesmo que nunca tenha percebido. E por isso, para torná-la consciente, é importante que olhe para trás neste momento e se dê conta de quantas vezes você a ressentiu (sim, sentiu, re-sentiu e ressentiu!).

Se você aceitar uma dica, deve haver uma frase ou uma queixa, por exemplo, que o acompanha há muitos anos, quase como um bordão. Veja se você se reconhece em alguma delas:

> *"Todo mundo sempre tira proveito da minha ingenuidade."*
> *"Toda vez que me apaixono, tudo dá errado."*
> *"Nas minhas relações, nunca há reciprocidade."*
> *"Ninguém me dá o devido valor."*
> *"Todo mundo me menospreza."*
> *"As pessoas só se relacionam comigo por interesse."*

Alguma dessas sentenças se parece com você? Você se vê usando com frequência alguma delas? Ou você generalizou e expressou a sua dor de outra forma? Aliás, em quais outras situações, além das três primeiras de que se lembrou, você também costuma sentir que estão tocando nessa mesma ferida? E quando isso acontece, como você se comporta ou reage?

Isso me faz lembrar de uma amiga que, depois de terminar o terceiro noivado seguido por motivos muito semelhantes, me contou: "Quando o primeiro acabou, eu pensei 'Tudo bem, às vezes os relacionamentos param de funcionar'; no segundo, eu disse 'Opa, que azar o meu!'; mas, no terceiro, parei em frente ao espelho e comecei a me perguntar: 'Não é possível, o que há de errado comigo?'".

E sabe o que é mais impressionante? Sua lógica estava absolutamente correta! Sim, porque, afinal, se ela havia se relacionado com três parceiros distintos e as três relações terminaram por razões quase idênticas, era improvável que isso fosse uma mera coincidência ou acaso. De fato, ela precisava rever a si mesma para descobrir como e quais de seus comportamentos desencadeavam resultados tão semelhantes.

Claro que os três rapazes em questão também contribuíram para o fim da relação, mas, ainda assim, que tipo de autovingança essa minha amiga praticava para se ver constantemente diante do mesmo problema? Afinal, se eu me vejo frequentemente em situações similares que me causam dor, isso só pode ser um tipo de autopunição e de autovingança!

Perceba, então, que estou lhe convidando para identificar não só as suas vinganças, mas também as suas autovinganças. Esse exercício pode lhe parecer um pouco mais complicado. No entanto, como eu disse, você só vai parar de sentir ou de reagir negativamente à sua dor quando estiver consciente e for capaz, inclusive, de reconhecer os comportamentos que têm usado impulsiva e compulsivamente para se proteger.

E posso lhe contar? É muito, muito provável, que a vitimização venha permeando sua vida justamente por sua inconsciência.

Talvez você tenha concedido tanto ao outro o direito de lhe ferir e talvez tenha se isentado tanto da responsabilidade por si mesmo que, na sua concepção, é evidente que suas dores nascem sempre de uma fonte externa — e não de você.

Então, agora, quero lhe propor outro exercício muito importante. Para realizá-lo, preciso que você se sente num lugar confortável e silencioso, com as pernas e os braços descruzados. De preferência, esteja sozinho ao longo desse trabalho para que tenha toda a privacidade de que precisa. Se em algum momento você sentir que o exercício é mais do que você consegue fazer, pare, respire, tome um copo d'água e devagar volte ao ponto em que parou. E se você por acaso se sentir em risco durante o exercício, simplesmente deixe de fazê-lo. Nesse último caso, peço para que pare, tome um banho morno e prepare um chá, mas não volte ao exercício, ok?

Bem, para começar, vamos supor que essa vozinha que não te dá sossego esteja certa. Sabe? Essa mesma que vive repetindo coisas do tipo: "Você é um pobre coitado"; "Veja o que as pessoas sempre fazem com você"; "Todo mundo só te faz sofrer"; "Tudo sempre dá errado na sua vida".

Sim, essa é a hora de assumir seu papel de vítima, ser a vítima e de sentir muito, mas muito mesmo por você e pela maneira como ninguém nunca te deu valor de verdade. Então, lamente! Mas lamente tudo.

Tudo o que não deu certo, tudo o que lhe fizeram, todas as vezes em que recebeu um não, todas as vezes em que você sentiu seu coração ser destruído pela maldade alheia e todas as vezes em que alguém o deixou na mão.

E se der vontade, chore. Libere o choro. Sinta as lágrimas se acumularem nos seus olhos e escorrerem pelo seu rosto.

Veja quantas injustiças você viveu, então, nada mais natural que dar espaço para suas lágrimas!

Lembre-se das vezes em que se sentiu traído.

Das vezes em que foi negligenciado.

Das vezes em que ninguém lhe deu a menor atenção ou carinho.

Das vezes em que você sofreu sozinho e não recebeu o suporte de ninguém.

Das vezes em que foi profundamente ofendido.

Das vezes em que se sentiu agredido.

Das vezes em que se sentiu não amado.

Das vezes em que desejou até mesmo morrer.

Agora, por favor, respire profundamente por alguns instantes e, com toda essa dor que está sentindo, me responda uma coisa: se você fosse desenhar a si mesmo neste instante, como seria seu desenho?

Se quiser, aproveite seu caderno e ponha essa proposta em prática; dê vazão à sua criatividade e pinte-se como bem entender. Você não precisa ser um bom desenhista, basta que tenha vontade de colocar sua ideia no papel. Ou, se preferir, apenas feche seus olhos e se veja da maneira mais profunda que puder (nesse caso, leia, antes, as perguntas a seguir).

O mais importante agora é que você se desprenda da sua autocrítica; nesse momento, você está absolutamente certo e tem toda a razão sobre sua dor, portanto, não há o que criticar.

Então, me conte:

*Como é a sua imagem agora que você acaba de ressentir todo seu sofrimento?*

*Ela é colorida? É branca e preta? É iluminada? Opaca?*

*Você se vê de perto ou de muito longe?*

*Você é pequeno, médio ou grande? Gordo ou magro?*

*Na sua imagem, você é frio ou quente? Áspero ou liso?*

*Quais são os aromas que exalam de você? É possível senti-los? Eles são intensos ou suaves?*

*Se pudesse conferir um sabor a essa imagem, qual gosto ela teria? Doce? Amargo? Cítrico? Azedo?*

*Você consegue ouvir a sua voz? Como ela é? Esganiçada? Suave? Rouca? Ou você não tem voz?*

*Há alguém com você nessa imagem? Quem e como é essa pessoa?*

*Qual ambiente você ocupa na sua imagem?*

*Esse lugar é escuro ou claro?*

*Você está na natureza? Na praia? Na sua casa? No trabalho?*

Veja-se por inteiro, exatamente como você está no momento. Recorra aos seus cinco sentidos para observar todas as nuances e detalhes presentes na imagem que lhe veio à mente. E quando sentir que já percebeu e absorveu tudo a seu próprio respeito, volte a respirar profundamente até que esteja pronto para continuar a leitura.

Bem, sei quanto deve ter sido difícil chegar ao fim deste exercício, então, em primeiro lugar, parabéns!

Em segundo lugar, o que quero lhe contar é que essa pessoa que você acabou de "conhecer", de fato, corresponde a quem e como você é quando não perdoa e se vinga. Pode até parecer que fui eu que lhe apresentei à sua autoimagem, mas, na realidade, eu só o ajudei a se enxergar na sua dor e na sua fraqueza.

Em outras palavras, essa autoimagem mental que você acabou de acessar o tem acompanhado desde quando era criança e, com o passar dos anos, você tratou de elaborá-la com requintes ainda maiores de sofrimento, tristeza, autopiedade e crueldade. E, sem que nunca tenha se dado conta, é para ela (e também para esse lugar) que você volta sempre que sua dor é exposta, sempre que se sente injustiçado e sempre que se sente vulnerável.

Em suma, esse é o seu pior, é a sua versão de si mesmo que não vê alternativa a não ser remoer e devolver ao outro uma imensa culpa por tudo o que não deu certo até hoje.

Agora que sabe disso, só tenho mais uma pergunta a lhe fazer: será que a sua autoimagem condiz com a pessoa que você gostaria de ser?

# O seu melhor

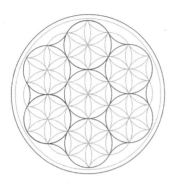

## Todos são culpados, mas ninguém tem culpa

*Eu estou no fundo do poço e não tenho a menor ideia de como sair dessa situação.* Essa foi a conclusão a que cheguei depois do exercício que acabei de lhe propor. Ainda vou contar exatamente o que se passava na minha vida naquele momento, mas, por enquanto, tudo o que você precisa saber é que só consegui compreender a intensidade da minha dor quando me enxerguei no meu pior. E o meu pior era realmente muito, muito, muito ruim!

Eu estava sem luz, pequena, amarga, solitária e distante. Desgraçada, no sentido mais literal da palavra. E, sinceramente, não sabia se tinha forças para transformar minha autoimagem. O que dizer de transformar a mim mesma!

Desistir de tudo — do casamento, da família, dos amigos e do trabalho — até me parecia uma opção razoável, afinal, nenhuma dessas relações sobreviveria a uma pessoa tão destrutiva e má como eu.

Para ser muito, muito honesta, até ali, o autoconhecimento me parecia um caminho tortuoso. Até porque, quanto mais eu me olhava, mais via todas as minhas falhas e negatividades, o que me levava a pensar: "De que me adianta saber tanto sobre mim se tudo que vejo só me deixa ainda mais para baixo?" (fica claro, aqui, que minha autocrítica era realmente pesada!).

Bem, e já que estou abrindo meu coração para você, quero que saiba que, naquele momento, realmente encarei a morte. Nada mais parecia fazer sentido, então, eu comecei a acreditar que minha vida não tinha propósito. Eu me questionava: para que tudo isso? Trabalhar? Lutar? Sofrer? Amar?

Para que tanto sacrifício, se, no final das contas, quando eu morrer, nada disso terá relevância?

Esses pensamentos eram tão frequentes e tão assustadores que, à minha volta, tudo escureceu. (Caso esse relato te pareça muito forte, sugiro que você pare, respire e reflita um pouco sobre ele. De forma alguma quero ofender você, leitor! Só queria compartilhar com você um pouco da minha dor.) Então eu me vi diante de uma escolha crucial: ou morro, aqui e agora, porque minha existência não faz a menor diferença; ou encontro uma saída, uma razão para viver, para lutar, para buscar alegria, paz e amor, e inclusive para lidar com as dores de estar viva.

Foi olhando nos olhos das minhas filhas ainda pequenas que decidi: "Quero estar viva e quero encontrar uma maneira de fazer com que isso tudo valha a pena". Hoje, olhando para trás, sinto um imenso orgulho de mim mesma por ter seguido em frente apesar de toda a dor que me consumia.

Mal sabia eu, mas ali, no instante em que me vi no fundo do poço, começava a minha redenção a partir do perdão.

Bem, a verdade, eu descobriria depois, é que eu não era má como achava. O que a minha autoimagem havia revelado correspondia essencialmente à construção infantil que existia dentro de mim — aquela mesma que formulei ainda pequena e que, com o passar dos anos, tratei de alimentar e de "aprimorar" com minha raiva, minha culpa e meus padrões negativos de comportamento.

Em outras palavras, a criança que eu havia sido continuava viva em mim. Mas não em sua totalidade. A menininha que habitava aqui dentro não era aquela criativa, inventiva, expansiva, brincalhona e feliz que, de fato, existiu. Era a sua outra parte que continuava viva em mim! Aquela que se sentiu não vista, não reconhecida, não valorada e não amada. E sua dor era tão grande e tão intensa que sobreviveu ao tempo e constituiu a minha personalidade adulta.

Tudo o que eu era, tudo o que eu vivia e tudo o que sentia, portanto, tinha sido construído com base na parte mais dolorida da minha infância. No entanto, se eu não sabia disso, se não me dava conta da mágoa que existia dentro de mim e nem mesmo reconhecia os meus comportamentos instintivos de vingança, era óbvio que eu não fazia nada daquilo por mal ou por querer. Por pior que parecesse para mim e/ou para os outros, aquele era mesmo o meu melhor — inclusive o autoritarismo, a vitimização, a invalidação e a agressividade (Sim! Quantas vezes você já tentou fazer seu melhor e deu tudo errado?)

Mas, então, existia alguma maneira de mudar quem eu era? De criar uma versão mais positiva de mim mesma, mais amorosa, mais plena e capaz de interromper esse ciclo de dor e de mágoa?

Bem, a resposta era e ainda é **sim**.

Acontece que essa transformação não se dá exclusivamente por vias racionais. Ali, minha cabeça já entendia que eu não tinha culpa e que os outros também não tinham; e que, inconscientemente, havia infligido muito sofrimento a mim mesma e a eles e, portanto, se estivesse consciente, poderia evitar esse padrão. Contudo, faltava-me *sentir* dessa forma, ou seja, acessar meu coração para que ele também tivesse a oportunidade de modificar e cessar a minha dor infantil.

Esse costuma ser um grande desafio para nós, adultos. Estamos tão acostumados a lidar com todos os aspectos de nossa vida a partir da nossa inteligência intelectual que, com frequência, ignoramos nossas emoções. Isso gera um imenso conflito interno: penso uma coisa, mas sinto outra. E eu, particularmente, quando tinha que decidir algo com base nesse "duelo", certamente obedecia ao que dizia minha cabeça, não meu coração.

Se você não faz parte desse time, então, provavelmente, veste a camisa do outro: age sempre com o coração, mesmo quando sua cabeça insiste em lhe dizer que não. De uma forma ou de outra, o desequilíbrio é latente, assim, a única maneira de encontrar a paz interior é realmente harmonizar ambas as forças, ambas as inteligências e ambos os aspectos do nosso ser.

Acho que agora você já sabe, por exemplo, que, na minha história e na sua, *todos foram culpados, mas ninguém teve culpa.*

Racionalmente, você já deve ter compreendido quanto nossa inconsciência e ignorância a nosso próprio respeito nos levaram a cometer inúmeras crueldades e a experimentar muita dor. E se isso aconteceu conosco, também se deu com as pessoas que mais amamos e com quem mais nos desentendemos. Elas também só deram o melhor que podiam!

Saber disso do ponto de vista racional é o primeiro passo para que você consiga transformar positivamente a si mesmo. O segundo vem a seguir e vai conduzi-lo a um profundo exercício emocional.

Eu o convido agora a realizar uma viagem para o seu passado. Juntos, eu e você vamos rever mais um pedacinho da sua história e tenho certeza de que se surpreenderá com a autodescoberta que está prestes a fazer.

Este exercício é muito especial e precisa ser feito numa tacada só. Então tire um tempo para si. O suficiente para ir comigo até o final do capítulo. Aqui tenho um pedido especial a fazer: se você é ou foi diagnosticado com um distúrbio de personalidade, dissociação psíquica severa ou já viveu algum episódio psicótico, peço para que não faça o exercício. Não há nada de errado e o perdão é importante para você como para todas as outras pessoas, mas sua transformação precisa de um pouco mais de cuidado. Então, peço que pule o exercício pois essa é minha forma de cuidar de você (nesse caso, você pode pular direto para a parte "**Quem você quer ser**").

Mais uma vez, sente-se num lugar tranquilo, com as mãos, braços e pernas descruzados. Esteja sozinho e com a maior privacidade que puder. E, se possível, separe uma foto de quando era recém-nascido ou muito pequeno. Quanto menor, melhor! Mas isso não importa muito, então não se apegue.

É para sua primeira infância que nós estamos voltando!

### Você consegue se lembrar?

Tudo o que você viveu de forma inconsciente até aqui veio da sua construção infantil. A sua autoimagem da vingança, provavelmente muito dolorida, também começou naquele período, naqueles momentos e situações em que seus pais e familiares simplesmente não foram capazes de amá-lo incondicionalmente.

Mas sabe de uma coisa? Eles não fizeram por mal. Aqueles adultos que negligenciaram suas vontades, suas tristezas e suas dores não agiram intencionalmente. E mesmo que tenham sido de uma crueldade ímpar, mesmo que tenham cometido atos horríveis, aquele também era o melhor que podiam lhe oferecer.

Eu sei, você olhou para trás e se lembrou de tudo isso. Ressentiu toda essa mágoa e percebeu como ela lhe fez um adulto triste, apagado, sem vida, infeliz, apático, desmotivado...

Mas saiba: já passou.

É isso mesmo, já passou! Se você quiser, nunca mais ninguém vai fazer com que se sinta dessa forma.

Está em suas mãos e é uma decisão possível. Tudo o que precisa fazer é olhar para trás e se lembrar de algo que parece muito distante, quase como se não tivesse existido ou acontecido.

Vamos juntos?

Segure, agora, a sua foto e observe o bebê que você foi um dia. Veja bem como ele era. Se não tiver uma foto, recorra à sua imaginação (construa, mentalmente, a sua autoimagem como bebê. Não se preocupe, pode inventar mesmo, caso não se lembre).

*Nessa foto ou imagem mental, quantos meses você tem?*
*Com que roupa você está vestido? Você se lembra dessa roupa? Você gostava de vesti-la ou ficava aborrecido?*
*Você está sozinho ou acompanhado? Quem está com você nessa foto ou imagem?*
*Você sabe em que ocasião essa foto foi tirada?*
*Você é capaz de imaginar ou de saber como estava se sentindo? Era um momento feliz? Triste? Assustador? Engraçado?*

Olhe para os seus olhos. Veja quanta pureza e inocência havia em você. Sinta quanto amor você era capaz de entregar e de receber naquele momento, quando ainda era apenas um bebê.

Agora, por um instante, feche seus olhos e imagine-se ao lado desse bebê (antes, leia as instruções a seguir).

Segure o bebê que é você no colo com toda sua delicadeza e mostre todo o seu amor por ele.

Abrace, beije, aperte, faça cócegas! Observe o seu sorriso tão ingênuo e sorria com ele. Deixe que ele se aconchegue nos seus braços. Entregue a ele todo seu carinho.

Sinta quanto essa criança é linda e como seu amor é puro!

Passe as mãos na cabeça desse bebê e, depois, sinta seu cheirinho (cheirinho de bebê não é mesmo delicioso?).

Segure seus dedinhos e perceba a temperatura corporal desse bebê tão frágil!

Essa criança é amorosa, alegre, esperançosa. Seu coração é isento de qualquer maldade, de qualquer dor, de qualquer angústia.

Ela tem todo o futuro pela frente e uma capacidade incrível de ser feliz!

Observe: o seu bebê está destemido! Ao seu lado e no seu colo, ele se sente seguro, protegido e confortável.

Veja quão bem você é capaz de fazer a ele.

Acolha esse bebê com toda sua alegria.

Diga, em voz alta, quanto você o ama e quanto vai amá-lo.

Quanto você quer protegê-lo.

Quanto quer que ele cresça com você, lado a lado.

Experimente esse amor indescritível e sinta quanto essa criança vale a pena!

E, no momento em que ela estiver sorrindo para você, pergunte-lhe se quer continuar com você a partir de agora!

Quando ela lhe disser sim, volte a abraçá-la com toda sua ternura e todo seu amor. Só depois de experimentar essa sensação, abra seus olhos e continue a leitura.

Respire profundamente por uns minutos. Sim, ponha a atenção em inspirar e expirar. E somente quando estiver pronto, me conte: como foi, para você, voltar para um período tão distante da sua vida? Foi difícil? Triste? Emocionante? O que e como você está sentindo agora?

Quando proponho esse exercício, algumas pessoas me contam que não conseguem visualizar ou sentir muita coisa. Nesses casos, recomendo que continuem tentando, em seu próprio tempo, sem forçar a barra. Para elas, normalmente é muito mais fácil se enxergar na vitimização do que na pureza infantil.

Como lhe disse, isso tem tudo a ver com o duelo entre o intelecto e o emocional. Por pura autoproteção, nossa cabeça tenta impedir que acessemos essas lembranças e essas sensações, porque acredita que elas nos farão sofrer. E sabe qual recurso nossa mente usa para alcançar esse objetivo? Nossos próprios pensamentos.

Então, é possível que você tenha sido inundado por frases como: "Que exercício mais bobo!"; "Isso não vai funcionar."; "Qual o propósito dessa técnica?"; "Melhor avançar para a próxima parte, porque esta está me dando sono".

Aconteceu com você? Se sim, aceite esses pensamentos (aliás, seja grato por eles, afinal, seu intelecto só estava tentando protegê-lo); e, então, quando puder e quiser, repita o exercício, até que consiga enxergar e sentir a melhor parte da sua infância.

## Quem você quer ser

Eu lhe propus duas técnicas, uma para que pudesse se enxergar quando se vitimiza e pratica a vingança e outra para que pudesse se ver na sua própria pureza e ingenuidade infantil. É muito provável que essas imagens não tenham praticamente nada em comum, a não ser um aspecto: em ambas, você teve a oportunidade de perceber e de sentir toda a sua vulnerabilidade.

Agora, por favor, seja muito sincero e me responda: diante dessas duas versões suas, o seu adulto e o seu bebê, qual você prefere acolher?

Quem você escolhe para permanecer ao seu lado: o adulto vingativo e infeliz ou o bebê amoroso e repleto de felicidade?

Olhe bem nos olhos dos dois e me diga: quem realmente merece sua proteção e ajuda?

De qual dos dois você deseja remover ou evitar a dor?

Por quem sente verdadeira e profunda compaixão?

Aliás, você sabe o que significa compaixão? Bem, esse entendimento é muito importante para a sua trajetória do perdão, então, peço-lhe que preste bastante atenção à minha explicação.

A compaixão é algo que nos traz um sentimento profundo de igualdade e de pertencimento. Nós, humanos, como já lhe disse, somos seres gregários e desejamos fazer parte do "bando". No entanto, para fazer parte, precisamos compreender que nós somos nós e que o outro é o outro. A compaixão é, portanto, o que nos permite legitimar nós mesmos e o outro, ou seja, é o que nos permite conceder, a nós e ao outro, o direito de sermos exatamente como e quem somos.

Essencialmente, a compaixão nos retira de uma "gangorra emocional", em que ora nos sentimos menores, ora nos sentimos maiores que o outro. Afinal, se somos todos iguais, temos chances iguais de acertar e de falhar. E vale dizer: isso não tem nada a ver com sentir dó ou pena, porque, quando entramos na piedade, pressupomos que aquela pessoa não tem condições ou recursos para lidar com determinada situação e, portanto, nós somos melhores que ela.

Em suma, a compaixão se dá, então, quando você sente muito pela sua dor (ou pela dor de alguém) e deseja profundamente que aquele sofrimento acabe.

De volta às questões que lhe fiz, eu sei que propus uma escolha difícil, mas deixe-me dizer: até hoje, esse adulto vingativo que eventualmente se manifestou esteve a serviço da criança que um dia você foi. Não desse bebê amoroso e positivo que acaba de identificar, mas daquele menininho ou menininha que não recebeu amor incondicional e, por isso, fez um pacto de vingança.

Essa criança que o constituiu até aqui viveu uma história de impotência, de falta de valor e de incompreensão. Ela se sentiu tão vulnerável, que não viu alternativa a não ser entregar todo o poder ao outro e, mesmo assim, o outro não foi capaz de amá-la.

Por isso, até hoje, sempre que alguém o magoou, essa criança negativa que existia (e ainda existe em você) voltou a sentir uma imensa dor e elaborou planos mirabolantes de vingança para se defender. Não por querer. Não por maldade. Ela só queria ser vista, compreendida e amada!

A vitimização e autopiedade que você pratica hoje, portanto, resultam dessa dor infantil e do seu desejo profundo de se proteger. Você não teve saída e não teve culpa.

Mas, o que aconteceria, então, se mudasse essa construção a partir de agora? Se, por escolha própria, você pudesse crescer não mais se baseando na criança negativa, mas no bebê positivo que acabou de resgatar?

Pois bem, deixe-me contar: esse bebê também já está aí dentro de você, inclusive no seu pior. Acontece que, por medo (sim, **medo!**), você passou a vida o escondendo.

Veja o que estou lhe dizendo: a sua autoimagem no momento de vitimização não corresponde exatamente a quem você é, porque não o representa na sua totalidade. Aquele era apenas seu inconsciente fazendo o melhor possível para protegê-lo, mesmo que isso lhe causasse ainda mais dor.

E, agora que você sabe disso, pode escolher fazer diferente. É isso o que você quer? Quer fazer diferente?

Se sim, convide seu bebê, a sua parte mais positiva, pura e amorosa, a ocupar o espaço que lhe pertence.

Sinta que você e ele, agora, estão unidos e integrados num único ser.

Em qual tipo de adulto você quer que essa criança se transforme?

Quais capacidades esse bebê pode lhe trazer a partir de agora?

Quem e como você pode ser se estiver ligado a essa criança pura, inocente e desprovida de dor?

Sinta toda a capacidade amorosa da sua criança. Esse é o verdadeiro poder da transformação!

E, bem, agora, convide o seu bebê a crescer com você.

Conte a ele algumas das experiências mais prazerosas que vocês já viveram juntos.

Você se lembra de quando deu seus primeiros passos?

E de quando abandonou as fraldas e começou a usar o banheiro sozinho?

E como foi mesmo seu primeiro dia na escola?

Do que mais você se lembra que foi muito marcante e especial desde então?

Resgate, agora, os momentos mais felizes pelos quais passou! A sua criança está crescendo ao seu lado e ela merece saber quantas e quantas vezes você foi e se sentiu incrível.

Lembre-se da adolescência, do seu primeiro beijo, do seu primeiro amor!

Se, em meio a essas memórias, surgirem lembranças negativas, aceite-as com positividade (não precisa brigar com sua mente, apenas aceite!); e, em seguida, continue a procurar por seus melhores momentos.

Acompanhe a sua história como se assistisse a um filme, mas nada de drama ou de tristeza. Tudo o que há nele é amor, alegria e superação!

Agora que você foi inundado por tanta positividade, veja como seu ser adulto também brilha. Aliás, com seu eu bebê, revisite a sua autoimagem no momento de vitimização e de vingança.

Veja como ela também começa a se modificar simplesmente porque você acolheu seu lado mais puro e amoroso!

Aquele adulto vingativo, antes repleto de dor, começa a sorrir para você. Perceba como ele se enche de motivação para recomeçar e reconstruir a própria vida.

Os seus tons escuros começam a ficar claros e coloridos.

O que era opaco, agora, está iluminado. E é tanta luz que sua visão quase se ofusca!

Sinta o novo aroma que começa a perfumar o ambiente.

Escute sua voz, saboreie seu novo gosto. Veja como você está maior, mais forte e até mais saudável!

E ouça os sons da natureza que agora invadem esse espaço. Os passarinhos cantam e, ao longe, você consegue escutar claramente o som de um rio que corre tranquilo e calmo.

Nesse lugar, em que você se viu tão miserável, agora há segurança, paz e um amor imenso!

Sabe o que mudou? Agora, você sabe que *pode*.

Você pode ser apenas quem e como você é. E você é isso, esse ser positivo, amoroso, pleno, capaz de construir novos caminhos e novas experiências a partir de si mesmo.

Nesse lugar, o outro não tem mais espaço para lhe machucar. Você é o responsável por si, então, você é capaz de dizer "sim".

Sim para novas possibilidades.

Sim para o amor.

Sim para as tentativas.

Sim para a chance de aprender com seus erros.

Sim para as suas emoções, mesmo as mais doloridas.

Sim para seu passado, presente e futuro.

Sim para o autoperdão, para a sua profunda compaixão por si mesmo e pelo outro.

Sim para você!

Você acabou de compreender que está em suas mãos dar limites ao outro. Você autoriza a si mesmo a ser quem e como você é, então, também concede a qualquer outra pessoa o direito de ser apenas quem e como é.

E agora, graças ao seu imenso poder amoroso, você decide acabar com seu círculo de vingança.

Com base no seu amor-próprio, esse sentimento que está tão prevalente no seu coração, você saberá como e quando acolher ou afastar as pessoas — não mais por raiva ou culpa.

E, a partir desse momento, você simplesmente sabe! Isso nunca esteve tão claro: todas as pessoas, inclusive as que mais o magoaram, agiram dessa forma porque tentavam proteger aquela criança indefesa e cheia de negatividade que também comandava a vida deles.

Assim como você, elas viveram uma história de desamor que marcou seus caminhos. Elas também não tiveram culpa, não agiram por mal nem são más.

Veja como essas pessoas também foram vítimas e quanto estão inconscientes de suas próprias histórias. Elas nem sequer imaginam que estão aprisionadas a uma dor infantil.

Diga a elas, em voz alta:

Eu sinto muito por sua dor.

E desejo profundamente que seu sofrimento tenha fim.

Agora, por favor, volte à situação ou às situações das quais você se lembrou quando lhe pedi para identificar as suas dores. Aquelas mesmas em que se sentiu vitimado porque o outro o agrediu, feriu, violentou e invalidou (aquelas do começo do livro, lembra?).

E me diga: *a partir desse novo ponto de vista que acabou de construir, dessa positividade que agora faz parte do seu ser, você seria capaz de agir de outra maneira?*

Se agora você legitima si mesmo e também o outro, e entende profundamente que ambos foram vítimas das circunstâncias, o que você escolhe: se vingar (sabendo o preço que paga cada vez que entra no círculo vicioso da vingança) ou perdoar as falhas que foram cometidas, por você e pelo outro, de forma inconsciente e sem intenção?

Lembre-se: perdoar não significa esquecer ou mesmo acolher de volta aqueles que o magoaram. Significa apenas seguir em frente sem ressentir ou se vingar pela sua dor. A dor ficou no passado e, no presente positivo que você escolheu construir, não há mais espaço para que ela ecoe!

# Autonomia emocional

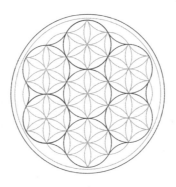

## Você merece perdoar

Quando contei para Marli que estava escrevendo este livro, ela me disse na mesma hora: "Se quiser ajuda, estou disposta a compartilhar a minha história para que mais e mais pessoas compreendam o que o perdão é capaz de fazer em nossa vida".

De fato, eu estava diante de uma pessoa que havia experimentado, na prática, os verdadeiros benefícios do perdão. Mais que isso, eu tinha testemunhado, apoiado e orientado sua trajetória de transformação e, portanto, suas conquistas me eram particularmente gratificantes!

Por isso, resolvi aceitar a proposta.

A história de Marli é incrível e mostra, por A mais B, por que e como perdoar é uma questão de inteligência. Mas não acredite em mim! Vou deixar que você tire as suas próprias conclusões com base no relato de minha aluna. Acompanhe:

Há alguns anos, eu estava realmente muito mal e depressiva. Vivia mal-humorada sem motivo aparente, brigava o tempo todo com meu pai e, quando não estava no trabalho, permanecia reclusa no meu quarto acompanhada apenas por minha cachorra. Eu não tinha amigos, colegas, namorado, ninguém com quem efetivamente me relacionasse de maneira íntima.

Mas eu não sabia por que me sentia daquela forma e não entendia por que tinha tanta dificuldade em interagir ou lidar com as pessoas, principalmente as que eram da minha própria família. Aquilo tudo não fazia sentido.

Precisei de um longo e profundo trabalho de autoconhecimento para começar a encontrar algumas respostas. Eu revisitei a minha infância e, vasculhando minhas memórias mais inconscientes, pude me lembrar de acontecimentos muito traumáticos.

Havia sido abusada sexualmente por familiares (entre eles, meu pai e meus irmãos), que, depois, agiram como se nada nunca tivesse acontecido. Para piorar, ainda criança, fui acusada por alguns parentes de ter cometido o mesmo tipo de abuso com uma prima mais nova (após muitos anos, compreendi que isso não tinha acontecido, mas imagine só o tamanho da culpa que carreguei ao longo desse tempo!).

Esses episódios fizeram de mim uma pessoa extremamente introspectiva.

Quando pequena, eu raramente brincava com outras crianças e fazia de tudo para permanecer isolada de qualquer convívio ou contato social. E eu cresci assim, sem nenhuma autoestima, sentindo-me deslocada e acreditando ser uma aberração. Usava o sarcasmo como defesa, o que me tornava agressiva e amarga. Ou seja, bem o tipo de pessoa que ninguém quer por perto! E o pior é que meus familiares, sabendo da origem de tudo isso, nunca fizeram nada para me ajudar.

Mesmo depois de resgatar todas essas lembranças, continuei morando com meu pai, de quem eu sentia muita raiva e muito medo (pelo menos, agora eu sabia a razão!). A nossa relação era realmente ruim e me fazia bastante mal, mas, sem saber, por vingança, eu escolhia continuar naquela situação: sempre escondida no meu quarto, praticamente sem vida social, e pronta para comprar qualquer briga com ele.

Com o acompanhamento terapêutico, enfim, comecei a compreender que estava em minhas mãos transformar a minha realidade para melhor. Para muito melhor. Depois de algum planejamento e muita coragem, consegui comprar minha própria casa e me libertar da prisão que vivia ao lado do meu pai.

Por um tempo, ele ficou muito magoado e me maltratou bastante por minha decisão, mas, diante da minha insistência (eu fazia questão de visitá-lo com alguma frequência), acabou cedendo. Eu não sei, ao certo, em que momento eu o perdoei de fato, mas, hoje, sinto que ele é outro pai e eu sou outra filha.

Nós conseguimos estabelecer uma nova relação, muito mais positiva do que eu poderia imaginar. Eu sei das dores que ele me causou, mas, agora, reconheço que também me transmitiu valores como honestidade, responsabilidade e comprometimento, que fizeram de mim uma pessoa digna e do bem.

Quanto aos meus irmãos, eu também fui capaz de perdoá-los quando compreendi que, assim como eu, eles tiveram de lidar com seus próprios demônios interiores. Hoje, somos essencialmente diferentes e, por isso, prefiro mantê-los distantes. No momento, não tenho vontade de compartilhar experiências com eles, e está tudo bem assim!

Olhando para trás, eu vejo que o processo de autoconhecimento é algo que se inicia, mas nunca se encerra.

Foi por meio dele que revi a minha história e compreendi por que faço o que faço da minha vida e nas minhas relações. E, graças ao perdão (inclusive ao que ofereci a mim mesma), hoje, tenho paz interior e sou capaz de construir relacionamentos muito mais saudáveis. Porque perdoei, agora, dou conta de ser cuidadora e cuidadosa comigo e com quem escolho para minha vida.

Evidentemente, como eu acompanhei Marli ao longo de todo esse processo, seu relato me deixou bastante emocionada e me trouxe ainda mais certeza de que todos nós somos capazes de dar a volta por cima. Basta querermos!

Contudo, além da emoção que ela transmite, escolhi compartilhar essa história por razões pontuais. Em primeiro lugar, para que você pudesse perceber, na prática, como o perdão funciona de verdade. Já lhe disse antes que ele não acontece como num passe de mágica; ninguém acorda um belo dia e diz: "Agora perdoei". Trata-se de um processo contínuo, que requer prática diária e uma grande intenção de nossa parte.

Ou seja, nós realmente precisamos **querer** perdoar (se não é assim que você se sente, nem vale a pena tentar).

Além disso, é bem importante que você perceba que a decisão de perdoar é 100% individual e intransferível, ou seja, ela serve e atende apenas a você e não ao seu algoz (ou sua vítima). Portanto, como lhe contei no final do último capítulo, perdoar significa olhar para o outro com compaixão e compreender, com todo o seu amor, que ele não teve culpa pelo mal que lhe causou — e apenas isso.

Então, depois que tiver perdoado, assim como fez Marli, você poderá escolher se retoma o convívio com quem o magoou ou se simplesmente descarta essa relação porque ela não lhe serve mais. Isso também é uma decisão sua! O que importa, na realidade, não é se você vai se reconciliar com as pessoas que lhe causaram dor e, sim, que, com o perdão, você poderá se libertar desse sofrimento de uma vez por todas.

Para explicar melhor, costumo dar o exemplo de esposas que sofrem algum tipo de violência doméstica. Tal como recomendam as mais diversas instituições e organizações que prestam auxílio a essas mulheres, é evidente que elas precisam adotar medidas preventivas o mais rápido e o melhor possível (aliás, se esse for o seu caso ou de alguém que conhece, lembre-se de que o Ministério da Justiça e Cidadania disponibiliza o número 180 para queixas e denúncias anônimas).

Eu, particularmente, defendo sempre a ideia de que qualquer mulher nessa situação deve recorrer imediatamente às medidas legais para garantir que não mais seja vitimada por seu parceiro. No entanto, se possível, ela deve fazê-lo não por raiva ou vingança, mas porque foi efetivamente lesada e lesionada, e tem, em seu favor, uma legislação toda concebida para protegê-la.

Sim, o que estou dizendo é que as vítimas de violência doméstica também podem (se assim quiserem) perdoar seus parceiros a partir da compaixão, mas que isso não significa, necessariamente, retomar a relação. E você pode estar se perguntando: isso não as deixaria novamente vulneráveis a seus agressores?

A resposta é não. Perdoar não é isso.

O que o perdão faz é nos dar a capacidade de deixar o passado para trás. Quando perdoamos, recuperamos nosso bem-estar, nossa autoestima, nosso amor-próprio e nossa satisfação pessoal independentemente de fatos e pessoas. Passamos a viver uma vida mais leve, feliz e satisfeita, mesmo com e apesar de tudo o que nos aconteceu. E, principalmente, encontramos uma paz interior duradoura e indescritível.

Chamo isso de autonomia emocional: a capacidade de assumir a responsabilidade pelas próprias emoções e comportamentos, e de compreender que temos e sempre teremos condições de escolher ou modificar nossos próprios caminhos, independentemente de fatores externos.

Se você precisa de ainda mais motivos para embarcar nessa jornada, lembre-se do que lhe contei do início deste livro: perdoar, segundo a ciência, faz bem à saúde!

De acordo com pesquisadores da Universidade do Tennessee, nos Estados Unidos, por exemplo, as pessoas tendem a se sentir menos hostis, irritadas e chateadas quando param de se vingar e perdoam, o que melhora a qualidade do sono, a tensão, a raiva, a fadiga e a depressão.[4]

Outro estudo, feito por cientistas da Universidade Baylor (também nos Estados Unidos), mostrou que é muito mais fácil perdoar a si mesmo (e acabar com os efeitos devastadores do ressentimento) quando se pede e obtém perdão daqueles que magoamos.[5]

E, por fim, uma pesquisa publicada no *Journal of Behavioral Medicine* concluiu que as pessoas capazes de perdoar incondicionalmente vivem por mais tempo do que aquelas que perdoam mediante alguma condição, como um pedido de desculpas.[6]

Se, por um lado, então, o perdão impacta positivamente na nossa qualidade de vida, por outro, nos oferece uma oportunidade única de transformação. Veja a história de Marli e também a minha. Foi a partir do perdão que nós duas encontramos um propósito para nossas existências. Como

---

4. LAWLER, Kathleen A. et al. The Unique Effects of Forgiveness on Health: An Exploration of Pathways. *Journal of Behavioral Medicine*, v. 28, n. 2, abr. 2005. Disponível em: <https://umdrive.memphis.edu/rjbrksby/public/IPCQ/the%20unique%20effects%20of%20forgivness%20on%20health%20and%20exploration%20of%20pathways.pdf>. Acesso em: 7 mar. 2017.
5. CARPENTER, Thomas P.; CARLISLE, Robert D.; TSANG, Jo-Ann. Tipping the scales: Conciliatory behavior and the morality of self-forgiveness. *The Journal of Positive Psychology*, v. 9, n. 5, 22 abr. 2014, p. 389-401. Disponível em: <http://www.tandfonline.com/doi/abs/10.1080/17439760.2014.910823>. Acesso em: 7 mar. 2017.
6. TOUSSAINT, Loren L.; OWEN, Amy D.; CHEADLE, Alyssa. Forgive to Live: Forgiveness, Health, and Longevity. *Journal of Behavioral Medicine*, v. 28, n. 1, fev. 2005. Disponível em: <http://www.academia.edu/1007805/Forgive_to_Live_Forgiveness_Health_and_Longevity>. Acesso em: 7 mar. 2017.

eu lhe disse, quando cheguei ao fundo do poço e encarei a morte, questionei: afinal, para que serve viver?

Você também já se fez essa pergunta?

Por muitos e muitos anos, acreditei que o sentido da vida fugia por completo à nossa compreensão, como algo atemporal e metafísico. Isso me deixava instigada, mas, para ser sincera, me desanimava. Eu pensava: então só vou entender qual é a minha missão (se é que há uma missão) quando deixar de existir? Eu vou ter de passar por todas essas provações sem nunca entender ou saber por que comigo e por que dessa forma?

Hoje, embora eu ainda acredite que há algo muito maior e mais complexo do que somos capazes de compreender e de enxergar, estou certa de que as relações humanas e a nossa imensa capacidade amorosa para com o outro são o que dão propósito e sentido à nossa vida.

Contudo, para que valha a pena, para que possamos deixar efetivamente nossa contribuição e nosso legado ao mundo, e para que consigamos conviver todos em paz (e não mais na guerra), o único caminho possível é o do perdão.

Até porque, quando tenho compaixão, por mim e pelo outro, eu sou capaz de me perdoar e de perdoá-lo. E se ele fizer o mesmo, juntos, seremos capazes de construir uma convivência mais harmoniosa, mais amorosa e mais plena. Imagine, então, o que acontecerá quando todos no mundo tiverem essa capacidade?

Um dia chegaremos lá. Mas, sem sombra de dúvidas, repito, isso se dará por meio do perdão. A revolução que nos falta individualmente e socialmente.

# O mais difícil dos perdões

## Como a minha história me trouxe até aqui

Ao longo deste livro, eu contei diversas histórias sobre mim e sobre pessoas que conheci durante a vida. No entanto, não poderia encerrá-lo sem, antes, compartilhar exatamente o que me aconteceu até que eu entendesse a importância e o poder do perdão. Aliás, para ser muito honesta, foi justamente a descoberta do perdão e do autoperdão que me salvou. Não fosse isso, talvez eu tivesse desistido de viver.

A experiência que vou descrever a seguir se deu muitos anos atrás, mas, ainda hoje, serve-me de estímulo e inspiração quando percebo que estou ressentindo alguma mágoa ou quando machuco, sem querer, alguém que eu amo.

Sim, é importante também que você saiba disso: por mais que eu tenha dedicado boa parte da minha vida ao trabalho do autoconhecimento e da compaixão, às vezes eu também tenho dificuldade de perdoar, principalmente a mim mesma. E, quando isso acontece, repito os exercícios que lhe ensinei até que possa me perdoar e/ou perdoar o outro.

É claro que alguns acontecimentos específicos, mais sérios e mais intensos, requerem de mim um esforço muito maior e uma profunda capacidade de empatia. Nem sempre é fácil ou simples, mas, hoje, sei que meu papel é tentar. E tentar incansavelmente até conseguir (e há alguns que eu ainda não dei conta), porque eu realmente sei as consequências que sofro cada vez que entro no círculo vicioso da vingança — e, olhe, pode acreditar: é muito difícil me amar quando me encontro no meu pior!

Bem, se você já conhece um pouquinho da minha história ou leu *O mapa da felicidade*, sabe que sou mãe de quatro filhos. A maternidade era o maior sonho da minha vida desde meus 15 anos e, de fato, tornou-se a experiência mais marcante e importante de toda a minha trajetória (embora muito diferente da que eu idealizava lá atrás).

Para que você tenha uma ideia, naquela época eu já sonhava em ter uma filha e sabia, inclusive, que seu nome seria Beatriz, cujo significado é "aquela que traz felicidade". Aliás, na minha cabeça, estava claro que eu não teria apenas um, mas vários filhos... Dois, três, quatro, cinco, quem sabe (melhor ainda se fossem todas meninas). No fundo, sem perceber, eu acreditava que, quando isso acontecesse, eu teria a oportunidade de ser uma mãe muito melhor do que a minha mãe havia sido.

Aos 22 anos, então, conheci e me apaixonei perdidamente pelo pai dos meus filhos. Em apenas seis meses, nós nos conhecemos, namoramos, noivamos e casamos! Estava tudo tão perfeito e eu me sentia tão feliz que, tal como planejava, pouco depois, aos 25 anos, engravidei.

E, lógico, eu havia sonhado por tanto tempo com aquele momento que não tinha dúvida de que estava esperando a Beatriz, mesmo sem saber o sexo do bebê (naquela época, a tecnologia não era tão avançada como hoje em dia). As pessoas até me perguntavam: "Mas e se for um menino?". E eu respondia: "Vai usar laço na cabeça, porque eu sei que estou esperando a Beatriz!".

Era, afinal, a realização do meu sonho, ter "aquela que traz felicidade". E eu estava certa. O dia em que Beatriz nasceu foi, sem dúvida, o mais extraordinário da minha vida.

Eu também dei à luz Estela e Rodolpho e me senti profundamente emocionada, mas nada se igualou ao meu primeiro parto. Eu estava tão extasiada, feliz e realizada com aquele momento que, dois ou três dias depois de sair da maternidade, já tinha disposição para limpar a casa, preparar comida e cuidar da bebê (quem é mãe sabe como essa fase pode ser difícil, mas eu tenho a sensação de que tirei de letra!).

E, sabe, eu me sentia presenteada por Deus. Aliás, era uma experiência tão indescritível que eu tinha certeza de que havia sido abençoada e, portanto, daria conta de qualquer coisa na vida. Não à toa, quando a Beatriz completou um ano, o meu marido e eu decidimos engravidar de novo!

No meu sonho, eu teria um filho atrás do outro, porque assim eles cresceriam juntos, brincariam juntos e se tornariam amigos para a vida toda. E olha que curioso: eu era tão inconsciente que nem me dei conta de que estava reproduzindo o comportamento de minha mãe, que teve cinco filhos em seis anos (um, infelizmente, faleceu no parto).

Beatriz estava com 13 meses quando engravidei novamente. Mais uma vez, eu não tinha como saber o sexo do meu segundo bebê, mas desejava profundamente que fosse outra menina para que as duas pudessem brincar juntas (essa imagem me parecia tão incrível!). No entanto, com minha segunda filha, eu estava mais incerta e os ultrassons não eram definitivos. Já que Deus tinha atendido meu primeiro pedido, por que não atenderia a mais esse?

Faltando muito pouco para o parto (e para que, enfim, eu pudesse tirar a minha dúvida), um acontecimento me tirou o chão. Num dia, quando eu estava grávida de sete meses, sozinha em casa, Beatriz teve sua primeira crise epilética. Não tenho como descrever o tamanho do meu desespero. Naquele momento, eu só tinha uma certeza: a de que perderia minha filha.

Com a ajuda de um vizinho, socorri Beatriz e acionei meu marido, que, por ironia do destino, era (e ainda é) um pediatra com grande conhecimento. Juntos, corremos para o hospital, onde nossa pequena convulsionou pela segunda vez e acabou internada. Por alguns dias, ela foi medicada, examinada e vasculhada por diversos especialistas, que buscaram, sem sorte, alguma explicação para aquele quadro.

Depois de muito sofrimento, enfim, pudemos levá-la de volta para casa, ainda sem qualquer diagnóstico. Eu estava aflita com a ideia de que minha filhinha tão pequena, com apenas um ano e oito meses, continuasse a passar por aquilo. "E se ela convulsionar de novo, o que é que eu vou fazer?", perguntava ao meu marido e aos médicos. E, de fato, foi exatamente isso o que aconteceu; não uma, nem duas, mas repetidas vezes.

Nós nem podíamos imaginar, mas, naquele momento, começava a nossa saga em busca de um diagnóstico e de um tratamento para Beatriz. Durante um mês, procuramos os mais diversos médicos, recorremos aos mais variados remédios, mas nada fazia com que ela parasse de convulsionar. Até que, um dia, ela entrou em coma e voltou a ser internada.

Seu quadro era bastante preocupante, já que, quando a levei ao hospital, ela estava hemiparética (ou seja, seu lado direito estava totalmente paralisado). Eu ainda me lembro da sensação horrorosa de segurá-la em meus braços e pedir a Deus: "Por favor, deixe minha filha viva. Eu aceito qualquer coisa, mas faça com que ela sobreviva".

Minhas preces foram atendidas. Após alguns dias, voltei com a Bê para casa e, um mês e dez dias depois, nasceu a Estela.

O primeiro ano de vida da minha segunda filha foi bastante complicado, já que sua irmã mais velha convulsionava cerca de vinte vezes por dia. E vinte vezes por dia, eu simplesmente não sabia o que fazer. Não sabia se corria para o bebê recém-nascido que chorava porque tinha fome ou se acudia a menininha indefesa que não parava de convulsionar.

Foi uma fase muito, muito difícil, em que, graças a Deus, pude contar com o apoio dos meus pais. Eles foram verdadeiros anjos em nossa vida. Além de nos ajudarem a cuidar de nossas menininhas (eles nos ajudaram muito, tanto com Estela quanto com Beatriz), meu pai e minha mãe também fizeram tudo o que podiam por mim e por meu marido — afinal, estávamos desesperados.

Mas sabe o que é pior? Em vez de gratidão aos meus pais, eu me sentia **muito** culpada por tudo aquilo.

Eu acreditava que meus pais não mereciam ter tido uma filha tão má quanto eu. Eu havia sido uma criança mentirosa e tinha dado muito trabalho. Então, eu merecia mesmo pagar por tudo que tinha lhes causado. Principalmente, tinha que pagar por ter desejado tanto ser uma mãe melhor do que a minha! Era muita petulância de minha parte. Portanto, nada mais justo que aceitar a punição de Deus. Eu merecia todo aquele sofrimento.

No entanto, mesmo me sentindo culpada e acreditando que estava sendo castigada, eu não me conformava com aquela situação. Eu só queria ser uma boa mãe e dar, para a Beatriz, tudo o que ela merecia. Para mim, estava claro que o meu papel era proporcionar a ela uma vida absolutamente normal, independentemente das circunstâncias em que ela se encontrasse.

Para aqueles de vocês que são pais, o que você puder imaginar que faria pela saúde do seu próprio filho, eu também fiz por minha filha mais velha. Ela passou por fisioterapeutas, fonoaudiólogos, psicólogos, terapeutas ocupacionais e até por tratamentos em medicina alternativa. E se as especialidades clínicas não davam conta de recuperá-la, Deus, eu acreditava, certamente o faria. Por isso, fiz cada uma e todas as simpatias que me ensinaram, fui a todos os templos para os quais fui convidada e frequentei todas as religiões em busca de uma solução.

E, claro, sempre comigo estava a Estela debaixo do braço.

A verdade é que eu fui incansável! Eu levava Beatriz para todos os lugares: shoppings, hotéis, zoológicos, parques, mas, onde quer que estivéssemos, ela sempre convulsionava (muitas das vezes, caía e acabava se machucando). As pessoas ao redor, claro, viam o que acontecia e me perguntavam se eu precisava de ajuda. Mas sabe como eu reagia? Com raiva, porque me sentia afrontada, envergonhada e desrespeitada.

Naquela época, eu não me dava conta do quanto a expunha. Menos ainda do quanto expunha a Estela, que era tão pequena para passar por tudo aquilo e assistir! Sendo muito honesta, eu não tinha a menor ideia de que não era a Bê quem me causava vergonha, muito menos as pessoas desconhecidas que se propunham a me ajudar quando ela tinha uma crise. Era, na verdade, eu quem fazia isso. Comigo. Com a Beatriz. E com a Estela.

É muito difícil relembrar esse período, mas, a verdade é que... Num esforço insano de dar à Beatriz uma vida normal, acabei dando uma vida deficiente para a Estela.

Eu fui muito, muito cruel com as duas. Primeiro porque eu cobrava da minha primeira filha um comportamento normal. Eu não conseguia aceitar sua deficiência. Eu queria que ela fosse exatamente como e quem eu queria, ou seja, aquela Beatriz com quem sonhei ainda na adolescência, mas ela não era — e eu não conseguia aceitar essa realidade. Com a Estela, fui cruel porque a deixei assistir a tudo isso de perto, muito de perto.

Só mais tarde, quando o autoconhecimento entrou na minha vida, é que eu pude entender que, apesar de todo o meu esforço, eu não estava sendo uma mãe amorosa; pelo contrário, eu apenas não aceitava as limitações da minha filha mais velha. E, como consequência, constrangia muito a minha segunda filha. Por exemplo, quando a obrigava a brincar normalmente com a irmã (que, por conta de suas limitações, praticamente não sabia como brincar); quando permitia que me visse aos berros com a Bê; e quando a deixava perceber toda a exigência, cobrança, expectativa e frustração que projetava em sua irmã.

Estela acompanhou tudo isso e, em resposta, se transformou numa filha nota dez (verdade seja dita, ela foi a melhor filha que alguém poderia ter). Tudo o que ela fez, foi com primazia. Tirou a fralda, andou, falou, aprendeu a ler e a escrever... O que você imaginar, ela conquistou por conta própria. Na realidade, ela fez tudo o que pôde para compensar a incapacidade da sua irmã. Ela cumpriu as expectativas que eu projetava na Beatriz, mas eu não percebi. Eu não percebi o esforço nem a dor dela. Muito menos, a sua solidão. E não seria um exagero dizer que eu não enxerguei sua individualidade. E eu nunca reparei no que ela fazia, porque não era dela que eu esperava nada, mas da Beatriz.

Minhas filhas estavam com 10 e 8 anos quando passei pelo Processo Hoffman, um curso de autoconhecimento que revolucionou a minha vida (e com o qual trabalho até hoje). Foi só ali que me tornei (relativamente) consciente de tudo o que tinha vivido na última década. Eu entendi a minha crueldade. Entendi que inconscientemente queria me vingar da minha mãe e, por isso, lutava tanto para ser melhor que ela. E entendi que, no final das contas, quem pagava o preço por toda a minha vingança éramos todos nós, minha família e eu.

Quando me dei conta disso, percebi também que a vingança havia me enlouquecido. Eu não tinha me dado uma única chance para enxergar toda aquela situação a partir de outro ponto de vista (e do ponto de vista do outro).

Se, por um lado, minha filha mais velha era uma pessoa incapaz e com um déficit intelectual importante, por outro, sua capacidade amorosa era e ainda é das mais extraordinárias. Por mais que eu brigasse, gritasse ou xingasse, a Beatriz sempre me perdoava. Ela sempre voltou para o meu colo e sempre me amou. E ser abraçada por ela e experimentar seu amor incondicional compensa qualquer deficiência. No entanto, levei anos para entender isso e, até hoje, muitas vezes, ainda me sinto culpada pelo que vivemos na sua infância.

O exercício de autoperdão, como lhe disse, é uma constante em minha vida. Principalmente quando penso na minha relação com Estela. Hoje, ela é adulta e mora muito longe de mim. Nós nos tornamos pessoas muito diferentes em personalidades, pensamentos e opiniões (embora concordemos que somos semelhantes em vários aspectos). De vez em quando, quando nos desentendemos, eu sinto muita culpa porque tenho a impressão de que não deveríamos brigar. Depois de tudo o que vivemos, sinto que preciso agradecê-la pelo resto da vida. Preciso homenageá-la, reconhecê-la, e nunca mais fazê-la sofrer.

Eu realmente não sei se teria conseguido sobreviver a toda culpa que sentia em relação às minhas duas filhas. Acho que agora que ouviu esta história, entende por que e como o perdão revolucionou a minha vida. A verdade é que ou eu me perdoava, ou enlouqueceria — e, pior, muito provavelmente, no segundo caso, perderia Beatriz e Estela.

Até alcançar o perdão, eu precisei identificar e tocar nas minhas próprias feridas. Precisei reconhecer a mãe maluca, sem noção, cobradora, exigente, insatisfeita e cruel que havia sido para minhas duas filhas e encontrar compaixão por mim mesma. Aquele, afinal, era apenas o meu melhor, por pior que tenha sido.

A verdade é que eu fui a única mãe que eu soube ser, a mãe possível. Assim como fui a mulher possível e a pessoa possível. E é só isso que dá para ser. Ser o que está em nosso alcance, é lindo, maravilhoso e *indescritível*.

Quando essa realidade se instalou, quando tive a capacidade de amar a mim mesma apesar dos meus erros e por todos os meus acertos, eu enfim estava pronta para dar continuidade ao meu projeto de maternidade. O Rodolpho, meu terceiro filho, nasceu dez anos depois da Estela e se tornou um encanto e uma alegria em nossa vida. Mais recentemente, em 2005, meu marido e eu decidimos adotar a Eduarda, a criança que faltava para completar nossa família.

Para ser sincera, a minha caçula é meu grande desafio atual, mas, como não se sentir desafiada por uma menina que está virando mulher? O fato é que a amo incondicionalmente. E sabe o que é melhor? Ela só precisa existir para que eu possa amá-la! E esse é o meu maior aprendizado, o legado que eu gostaria de deixar para os meus filhos: só porque eles existem, eles já valem a pena.

Bem, não foi fácil lhe contar tudo isso, mas agora acho que você entende por que decidi escrever um livro sobre o perdão. Assim como todas as pessoas no mundo, eu também tive um acontecimento profundo e impactante para superar — e isso só foi possível quando me tornei capaz de perdoar.

Então, por experiência própria, eu lhe garanto que você também pode revolucionar a sua vida se decidir percorrer esse caminho. Talvez não seja fácil (muitas vezes eu ainda encontro dificuldades); ou talvez seja muito mais simples do que achou que seria. A verdade é que tudo terá valido a pena ao final da sua trajetória.

Pela última vez, portanto, eu o convido: perdoe. Você mesmo e o outro. Deixe sua vida se ampliar, seu horizonte se agigantar e suas possibilidades se multiplicarem.

Torne-se o seu melhor possível. Ele está a um passo de você e, portanto, tudo o que precisa fazer é tomar uma decisão!

Agora, pelo menos, você já sabe exatamente por onde começar.

Boa sorte!

**Heloísa Capelas**
heloisa@centrohoffman.com.br

**Redes Sociais**
- CentroHoffman
- CapelasHeloisa
- HeloisaCapelas
- heloisacapelas

**Sites**
www.heloisacapelas.com.br
www.centrohoffman.com.br

**Processo Hoffman**
**Centro Hoffman Desenvolvimento Humano**
processo@centrohoffman.com.br
**E-mail:** processo@centrohoffman.com.br
**Telefones:** (11) 3648-3340 | (11) 3832-3050

**Instituto Hoffman Internacional**
www.hoffman-international.com

Este livro foi impresso pela gráfica Assahi
em papel lux cream 70g
em dezembro de 2024.